公務員試験
過去問攻略Vテキスト ⑮

TAC公務員講座 編

会計学

TAC出版
TAC PUBLISHING Group

●── はしがき

本シリーズのねらい──「過去問」の徹底分析による効率的な学習を可能にする

　合格したければ「過去問」にあたれ。

　あたりまえに思えるこの言葉の，ほんとうの意味を理解している人は，じつは少ないのかもしれません。過去問は，なんとなく目を通して安心してしまうものではなく，徹底的に分析されなくてはならないのです。とにかく数多くの問題にあたり，自力で解答していくうちに，ある分野は繰り返し出題され，ある分野はほとんど出題されないことに気づくはずです。ここまできて初めて，「過去問」にあたれ，という言葉が自分のものにできたといえるのではないでしょうか。

　頻出分野が把握できたなら，もう合格への道筋の半分まで到達したといっても過言ではありません。時間を効率よく使ってどの分野からマスターしていくのか，計画と戦略が立てられるはずです。

　とはいえ，教養試験も含めると 20 以上の科目を学習する必要がある公務員試験では，過去問にあたれといっても時間が足りない，というのが事実ではないでしょうか。

　そこでＴＡＣ公務員講座では，みなさんに代わり全力を挙げて，「過去問」を徹底分析し，この『過去問攻略Ｖテキスト』シリーズにまとめあげました。

　網羅的で平板な解説を避け，不必要な分野は思いきって削り，重要な論点に絞って厳選収録しています。また，図表を使ってわかりやすく整理されていますので，初学者でも知識のインプット・アウトプットが容易にできます。

　『過去問攻略Ｖテキスト』の一冊一冊には，"無駄なく勉強してぜったい合格してほしい"という，講師・スタッフの思いが込められています。公務員試験は長く孤独な戦いではありません。本書を通して，みなさんと私たちは合格への道を一緒に歩んでいくことができるのです。そのことを忘れないでください。そして，必ずや合格できることを心から信じています。

2019 年 11 月　ＴＡＣ公務員講座

※本書は，既刊書『公務員Ｖテキスト 16　会計学』の本文レイアウトを刷新し，
　『公務員試験　過去問攻略Ｖテキスト 15　会計学』とタイトルを改めたものです。

●──〈会計学〉はしがき

　国税専門官は，国税庁や税務署において，租税収入確保のための調査，徴収，査察などの業務を行う税務のスペシャリストであり，深い会計の知識が必要とされます。ですから，国税専門官の試験で「会計学」が試験科目になっているのは当然のことであり，会計を知らない人が税務を行うことは不可能といっていいでしょう。

　つまり，国税専門官を目指すみなさんにとって，「会計学」は単なる受験の一科目にとどまるのではなく，将来に直接関係していくという意味で最も重要な科目なのです。ぜひとも意欲的に取り組んで学習してほしいと思います。もちろん本試験においても会計学が占める割合は大きく，どのくらい得点できたかによって合否が決まるといっても過言ではありません。

　しかし，国税専門官を目指しているみなさんは他の公務員試験も併願するのが常であり，国税専門官試験にのみ課せられる会計学という科目については，ついつい学習がおろそかになりがちなのが事実ではないでしょうか。また，出題範囲はかなりの広い分野にわたり，中には誰にも解けないような難問も見られます。戦略的な学習方法が必要とされるのは疑いのないところです。

　そこでTAC公務員講座では，どうすれば効率よく学習を進めていけるかを考えた結果，過去問題を徹底的に分析することにしました。いかに範囲が広いといえども毎年のように出題されている分野もあることがわかり，難問・奇問に苦しむよりは基本的な部分をマスターしていくほうが高得点を望めることがわかりました。その考えに基づき，本書には重要な内容を厳選して収録しており，最小限の努力で最大限の効果を挙げることができるものと確信しています。

　なお，本試験では会計学というよりも簿記の範囲の問題（計算問題・仕訳問題）が出題されることがしばしばあるので，日商簿記3級程度の知識はもっておいたほうがいいことを忘れないでください。

　では，この本を活用してぜひとも合格できますよう，心より願っております。

ＴＡＣ公務員講座

本 書 の 構 成

●本文は，ポイントを絞った内容で，わかりやすく解説しています。

（↓図はいずれもサンプル頁です）

●頻出度合を，重要度として提示しました。白星の数が多いほど，重要な分野となります。

●学習する上での一言アドバイスです。

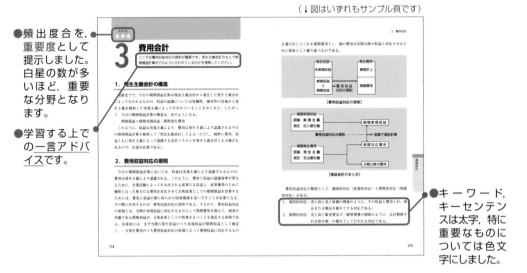

●キーワード，キーセンテンスは太字，特に重要なものについては色文字にしました。

●過去問ベースの Exercise で，学習内容をチェックしましょう。

●Exercise は節ごとに設定しています。

●解説は，肢ごとに詳細に解説しています。

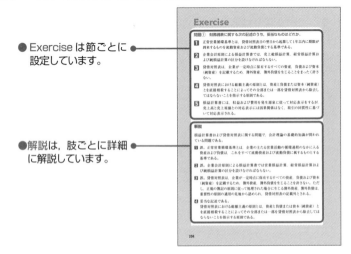

目 次

第5章　財務諸表

第6章　その他

第1章

企業会計総論

ある程度の規模の会社にはどこでも経理部があり，会社の利益などを計算しています。ここでは，なぜ会社が利益計算を行い，それはどのような原理に基づいて計算されるのかについて，概観します。

会計学の基礎知識

本節では，企業会計の目的，および会社法と金融商品取引法会計という 2 つの制度会計の目的を理解してください。

1．企業会計の目的

（1）企業会計の目的

　現在，多くの企業が存在し，その企業の多くが利益追求を目的とし，さまざまな企業活動を行っている。企業会計とは，その企業の経済活動を貨幣的単位で記録計算することであり，その目的は，経済活動の**内容**および**結果**を経営者および債権者等の利害関係者に報告することである。

[企業会計の目的]

（2）企業会計の分類

　企業会計は，情報の提供先の相違により，**財務会計**と**管理会計**に分類される。

　財務会計とは，企業外部の利害関係者に対して情報を提供するものであり，**管理会計**とは，企業内部の各経営管理者に対して情報を提供するものである。

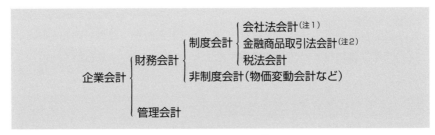

[企業会計の分類]

(注1) 平成18年5月に会社法（従来の商法から会社関係の法律を独立させた法律）が施行されたため，これまで「商法会計」とよばれていたものは「会社法会計」とよばれることとなった。

(注2) 平成18年に金融商品取引法が成立したため，これまで「証券取引法会計」とよばれていたものは「金融商品取引法会計」とよばれることとなった。

（3）財務会計の目的

財務会計（外部報告会計）の目的は，外部利害関係者に対して，

① 企業の経営成績を明らかにすること（どのような原因でいくらもうけたのか）→損益計算書により開示される。

② 企業の財政状態を明らかにすること（資金をどのようにして調達し，どのように運用しているのか）である。→貸借対照表により開示される。

そして，この目的を達成するために作成される損益計算書，貸借対照表などの報告書類を財務諸表（会社法では「計算書類等」ともよばれる）という。

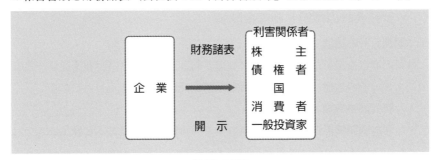

[財務会計]

（4）管理会計の目的

管理会計（内部報告会計）の目的は，経営者を中心とする各経営管理者に対

して，

① 意思決定に役立つ情報を提供すること（設備投資，設備計画など）

② 業績評価に役立つ情報を提供すること（利益計画，予算統制など）

である。

［管理会計］

〈財務会計と管理会計〉

	対　象	法規基準
財務会計 （外部報告会計）	企業外部の利害関係者	準拠する
管理会計 （内部報告会計）	企業内部の経営管理者	必ずしも 準拠しない

2．制度会計

（1）財務会計の機能と制度会計

① 財務会計の機能

　財務会計は企業外部の利害関係者に財務諸表を通じて会計情報を提供するものであり，その機能には利害調整機能と情報提供機能があるといわれる。

1）利害調整機能

　　利害調整機能とは，企業を取り巻く利害関係者（経営者と株主あるいは株主と債権者）の利害対立を解消又は調整する機能である。企業を取り巻く利害関係者の利害は場合によって対立するが，利害関係者は財務諸表を通じて企業の状況に関する情報を入手することができ，それによってこうした対立は解消又は調整される。

2）情報提供機能

　　情報提供機能とは，投資家の意思決定に有用な情報を提供する機能である。投資家（株主など）は財務諸表を通じて企業の状況に関する情報を入手することによって適切な投資意思決定を行うことができるようになる。

②　制度会計

　財務会計は企業外部の利害関係者に会計情報を提供するものであるため，利害関係者を保護し，誤った会計情報の公表を防止するため法律上の規制を置いている。このように法律で規制されている財務会計を制度会計という。制度会計には，**会社法会計，金融商品取引法会計，税法会計**がある。

　なお，非制度会計としては，物価変動会計などがある。

（2）会社法会計と金融商品取引法会計

　企業の会計情報の開示に関する制度会計には，会社法会計と金融商品取引法会計がある。

　この2つの制度会計を比較すると次のようになる。

〈会社法会計と金融商品取引法会計〉

	会社法会計	金融商品取引法会計
制度の趣旨	利害関係者の利害の調整 特に債権者保護	一般投資家保護
規制の対象	会社全般	主として公開会社
会計処理基準	会社計算規則 会社法の計算に関する規定等	企業会計原則等の会計基準
表示の基準	会社計算規則など	財務諸表等規則など

①　会社法会計

　会社法会計とは，**会社計算規則**を中心として，会社法の計算に関する規定等に基づく会計である。

　会社法会計は，表示に関しては主に会社計算規則に，会計処理に関しては会

社法の計算に関する規定，会社計算規則，企業会計原則をはじめとする会計基準などに従っている。

② 金融商品取引法会計

　金融商品取引法会計とは，**財務諸表等規則**を中心として，金融商品取引法，連結財務諸表規則等に基づく会計である。

　金融商品取引法会計は，表示に関しては財務諸表規則や連結財務諸表規則などに，会計処理に関しては企業会計原則をはじめとする会計基準などに従っている。

3. 会計公準

　会計公準とは，会計が行われるための基礎的前提をいう。

　一般に会計公準とは「企業実体の公準」，「継続企業の公準」，「貨幣的評価の公準」の三公準をいう（ギルマンの三公準）。なお，会計公準は絶対不変ではなく，社会の諸情勢が変化すれば変わりうるものである。

① 企業実体の公準

　企業実体の公準とは，企業はその出資者から**分離**した**別個**の会計単位とする前提である。

　企業は，出資者から独立して，企業自体の立場から会計上の計算・記録が行われるという会計の行われる範囲を限定するものである。

② 継続企業の公準

　継続企業の公準とは，企業は人為的に定めた**一定の期間**に区切って期間計算が行われるとする前提である。

　企業は解散や清算を予定せず，永久に事業を営むものと仮定し，会計処理にあたっては企業の全存続期間のうち人為的に定めた一定の期間に区切って行われるとするものである。

③　貨幣的評価の公準

　貨幣的評価の公準とは，企業はその経済活動を貨幣単位で記録・計算・表示するとする前提である。

　貨幣経済においては，経済価値のあるものが貨幣単位で表現されているため，企業は会計処理にあたっては貨幣単位で統一し，記録・計算・表示しなければならないとするものである。

［会計公準］

4．会計基準

（1）企業会計原則

①　意義

　企業会計原則は昭和24年7月に企業会計審議会（設定当時は企業会計制度対策調査会）によって公表されたものであり，企業会計の実践規範ならびに指導原理としての性格を有する。

　企業会計原則は，企業会計の実務の中に慣習として発達したものの中から，一般に公正妥当と認められたところを要約したものであって，必ずしも法令によって強制されないでも，すべての企業がその会計を処理するにあたって従わなければならない基準である。

　また，企業会計原則は，公認会計士が，公認会計士法および金融商品取引法

会計に基づき財務諸表の監査を行う場合において従わなければならない基準となる。

② 企業会計原則の構成

　企業会計原則は，財務諸表中心の構成がとられ，一般原則，損益計算書原則および貸借対照表原則の三部構成となっている。

　さらに重要項目については「企業会計原則注解」がこれに加わっている。

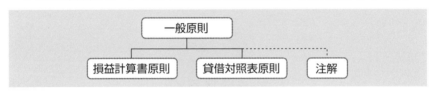

[企業会計原則の構成]

（2）近年における会計基準および会計法規の改正と新設

① 会計基準

　近年，特に1990年代後半以降，企業活動の多様化と国際会計基準とのコンバージェンス（統一化・調和）のため，会計諸基準の改正と新設や様々な法規の改正が行われてきた。

　企業会計の実践規範ならびに指導原理としての「企業会計原則」は，昭和24年7月9日の設定以来，数度の改正が行われたが昭和57年4月20日の改正を最後に変更は行われていない（「企業会計原則注解」も同じ）。

　企業会計審議会（平成13年以降は企業会計基準委員会）は，企業会計原則を改正する代わりに，これを修正・補足するものとして，以下のような会計基準を設定してきた

　代表的なものを述べると，以下のようになる。

・企業会計原則と関係諸法令との調整に関する連続意見書

・連結財務諸表原則

・外貨建取引等会計処理基準

・リース取引に関する会計基準

・連結キャッシュ・フロー計算書等の作成基準

・研究開発費等に係る会計基準

・退職給付に関する会計基準

・税効果会計に係る会計基準

・金融商品に関する会計基準

・固定資産の減損に係る会計基準

・自己株式及び準備金の取崩等に関する会計基準

・役員賞与に関する会計基準

・貸借対照表の純資産の部の表示に関する会計基準

・株主資本等変動計算書に関する会計基準

・事業分離等に関する会計基準

・棚卸資産の評価に関する会計基準

・工事契約に関する会計基準

・持分法に関する会計基準

・資産除去債務に関する会計基準

・企業結合に関する会計基準

・連結財務諸表に関する会計基準

・討議資料　財務会計の概念フレームワーク

　これらの新会計基準は，「企業会計原則」と同様に，法律ではないが実践規範ならびに指導原理としての性格を強く持っており，「企業会計原則」とあわせて「会計基準」と総称される。

　また，「企業会計原則」は改正が行われていないため，これらの新会計基準や改正された法律とは矛盾する部分もあるが，実務上は，当然新会計基準や法律が優先する。

②　会計基準と会計法規との関係

　会社法会計では会社法第 431 条において，「株式会社の会計は，一般に公正妥当と認められる企業会計の慣行に従うものとする」と規定し，また，金融商品取引法会計では，財務諸表等規則第 1 条 1 項において，財務諸表等規則に定めのない事項については「一般に公正妥当と認められる企業会計の基準に従う

ものとする」と規定している。一般にこの「公正妥当と認められる企業会計の慣行・基準」には企業会計原則をはじめとする会計基準が含まれていると解釈される。このように企業会計原則をはじめとする会計基準自体は法律ではないものの，制度会計の中に取り込まれることによって法律的な裏付けが付与されている。

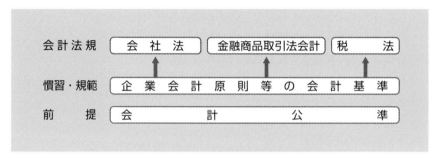

[企業会計原則等の会計基準と会計法規]

Exercise

問題① 企業会計に関する次の記述のうち，妥当なものはどれか。

1 財務諸表は，企業内部の情報開示のため，基準や法規の影響を受けずに作成される。

2 財務諸表のうち損益計算書は，企業の一定時点の財政状態を判断するために有用である。

3 企業会計は情報の提供先の違いにより，財務会計と管理会計とに大別される。

4 財務会計は，企業の各経営管理者が経営活動に関する意思決定や業績評価を行う際の有用な会計情報の提供を目的としている。

5 管理会計においては，すべて複式簿記の原理に基づき資料を作成することを前提としている。

・・

解説

企業会計に関する記述である。ここでポイントとなるのは，内部報告と外部報告，すなわち，管理会計と財務会計の違いを理解しているかどうかである。

1 誤。財務諸表は，会計法規や会計基準などに準拠して企業外部に公表される。

2 誤。損益計算書は，企業の一定期間の経営成績を明らかにするものである。

3 妥当な記述である。
　財務会計は外部報告会計，管理会計は内部報告会計とよばれることもある。

4 誤。財務会計は，企業外部の利害関係者に対して報告される会計をいう。

5 誤。管理会計は，企業独自の方法によって，随意に作成報告してもよい。

解答　3

問題② 企業会計に関する次の記述のうち，妥当なものはどれか。

1 貸借対照表は，一会計期間の資金の調達源泉と資金の運用形態を1つの表に対照表示したものであり，その期間の財政状態を明らかにするものである。

2 財務会計においては，企業外部の利害関係者に対する適正な情報の開示を目的としており，この目的を達成するために作成される損益計算書，貸借対照表などの報告書類を財務諸表という。

3 企業会計は，受託財産の増減や残高を記録するものであり，これらはすべて基準・法規に従って行わなければならない。

4 財務諸表は，企業の一会計期間の経営成績を明らかにした損益計算書と，一会計期間の企業資産の増減を記録した貸借対照表が中心であり，この損益計算書および貸借対照表を作成することにより，財務会計の主要な目的を果たすことができる。

5 管理会計は，企業内部の各経営管理者に対して有用な各種の会計情報を報告するものであるが，その資料は財務諸表という形式で外部利害関係者に対しても報告される。

• •

解説

企業会計全般に関する記述である。ここでポイントとなるのは，貸借対照表の意義，損益計算書の意義を把握しているかどうかであろう。

1 誤。貸借対照表は，一定時点における企業の財政状態を明らかにした報告書である。

2 妥当な記述である。
財務会計においては，企業外部の利害関係者に対する適正な情報の開示を目的としており，それは財務諸表によって開示される。

3 誤。企業会計の主目的は情報を報告することであり，また，そのすべてが基準・法規に従って行われなければならないわけではない。

4 誤。貸借対照表は，一定時点における企業の財政状態を明らかにした報告書である。

5 誤。管理会計は，企業内部の各経営管理者に対して有用な各種の会計情報を報告するものであるが，その資料は外部利害関係者に対しての報告目的のものではない。

解答　**2**

2 財務諸表の基礎知識

本節では，財務諸表作成の流れを理解してください。日商簿記3級程度の知識があれば特に難しいところはないでしょう。

1．財務諸表の基礎知識

（1）簿記（複式簿記）と財務諸表

　簿記とは，企業の活動を帳簿に記録して，報告書（財務諸表）を作成する手段である。

［簿記と財務諸表］

（2）会計期間

　企業は継続して活動を行うため，通常1年ごとに区切りをつけて報告書を作成し，財政状態や経営成績を明らかにする。この定期的に区切られた期間を会計期間という。

　会計期間のスタートを期首，ゴールを期末，期首と期末の間を期中という。

　また，現在の会計期間を当期，1つ前の会計期間を前期，1つ後の会計期間を次期または翌期という。

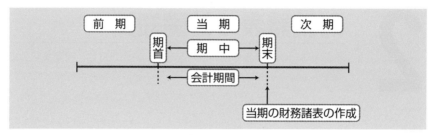

[会計期間]

（3）財務諸表

　財務諸表（会社法では計算書類等という）の体系については，各会計諸則によって異なっている。現行制度で作成が要求される財務諸表は次のようになっている。

〈財務諸表の種類〉

会社計算規則	財務諸表等規則	企業会計原則
①貸借対照表 ②損益計算書 ③株主資本等変動計算書 ④注記表 ⑤（附属明細書） ⑥（事業報告）	①貸借対照表 ②損益計算書 ③株主資本等変動計算書 ④キャッシュ・フロー計算書 ⑤附属明細表	①貸借対照表 ②損益計算書 ③財務諸表附属明細書 ④利益処分計算書

　上記の表から明らかなように，財務諸表は損益計算書および貸借対照表が中心となっており，損益計算書および貸借対照表を作成することにより，財務会計の主な目的を果たすことができる。

　以下，損益計算書と貸借対照表を中心に財務諸表について説明する。

① 損益計算書（P/L）

　企業の１会計期間における経営成績を明らかにした報告書を，損益計算書（Profit and Loss Statement ; P/L）という。

　これは，一定期間（１会計期間）における収益と費用の項目を１つの表に集

め，当期純利益（または当期純損失）を表示した報告書である。

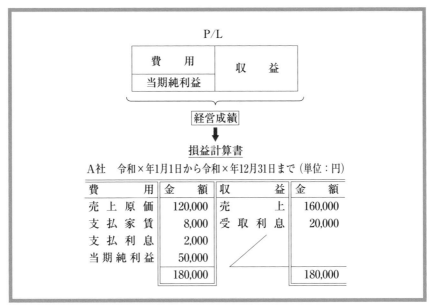

[損益計算書]

② 貸借対照表（B/S）

　企業の期末における財政状態を明らかにした報告書を，貸借対照表（Balance Sheet；B/S）という。

　これは，一定時点（決算日）における資金の調達源泉である負債および資本と，資金の運用形態である資産の項目を１つの表に集め，対照表示した報告書である。

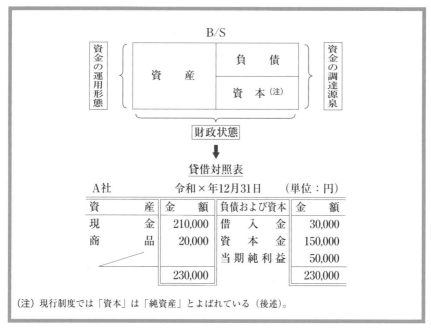

［貸借対照表］

③ 株主資本等変動計算書（第5章第3節で後述）

株主資本等変動計算書は，一会計期間における株主資本などの純資産の変動を明らかにした報告書である。

④ キャッシュ・フロー計算書（第5章第3節で後述）

キャッシュ・フロー計算書は，一会計期間におけるキャッシュ・フローの状況を明らかにした報告書である。

⑤ 注記表（第5章第3節で後述）

注記表は，損益計算書や貸借対照表に関する注記をまとめた報告書（会社法のみ）である。

⑥ 附属明細表または附属明細書（第5章第3節で後述）

附属明細表または附属明細書は，補足情報に関する報告書である。

2．資産・負債・資本（純資産）と貸借対照表

（1）資産・負債・資本（純資産）と貸借対照表

企業の**財政状態**は，資産・負債・資本（純資産）の3つの内容で構成される**貸借対照表**により明らかにされる。

［**資産・負債・資本**］

（2）資産

会計学上，資産概念についてはさまざまな考え方があるが，ここでは，「資産とは継続企業を前提とした企業活動の一定時点において，経営資本の循環過程中にあるもの」と定義しておく。すなわち，企業が調達した資金の具体的な運用形態が資産である。現段階では，直感的には企業がもっているモノや権利（債権）が資産であると理解してよい。

ただし，繰延資産のように具体的なモノや権利（債権）ではなくても，適正な期間損益計算の観点から資産として認められるものもある（第2章第5節「無形固定資産・繰延資産」参照）。

資産には，それぞれに「現金」「売掛金」などの名前がついている。これを**勘定科目**という。

以下，主な資産の勘定科目とイメージを示しておく。

①現金…所有している金銭など。

②当座預金…銀行預金のうち，小切手を振り出して引き出しをする無利息の預金をいう。

なお，銀行預金にはこのほかにも，普通預金，通知預金，定期預金などがある。

③売掛金…代金後払いの約束で商品を売り渡した場合に生じる債権をいう。

④未収金…代金後払いの約束で商品以外のものを売り渡した場合に生じる債権をいう。

⑤前払金…商品を受け取る前に仕入先に支払った手付金や内金をいう。これと反対のものが前受金（負債）である。

⑥受取手形…商品の代金として得意先から受け取った，金銭の支払いを約束した証書（手形）をいう。

⑦有価証券…企業が資金運用のために保有する国債・社債などの債券および株式などの証券類をいう。

⑧貸付金…他人に金銭を貸した場合に生じる債権をいう。これと反対のものが借入金（負債）である。

⑨建物…店舗，工場，事務所，倉庫など，その企業が所有している建造物をいう。

⑩備品…机，複写機，陳列棚などをいう。

⑪車両運搬具…乗用車，トラックなどで営業用に所有するものをいう。なお，これを車両とすることもある。

⑫土地…店舗，工場，事務所，倉庫など，企業が所有している建物の敷地をいう。

（3）負債

　資産が，企業が調達した資金の運用形態であるのに対して，負債とは，企業外部の第三者からの資金の調達源泉（他人資本）をいう。現段階では，直感的には企業が一定の金額を後日支払うべき義務が負債であると理解してよい。ただし，非債務性引当金のように必ずしも法律上の債務でなくとも負債となるものもある（第3章第1節「負債」参照）。

　以下，主な負債の勘定科目とイメージを示しておく。

①買掛金…代金後払いの約束で商品を購入した場合に生じる債務をいう。

②未払金…代金後払いの約束で商品以外のものを購入した場合に生じる債務をいう。

③支払手形…商品の代金の支払いのために，仕入先に渡した，金銭の支払い

を約束した証書（手形）をいう。

④前受金…商品を引き渡す前に得意先から受け取った手付金や内金をいう。これと反対のものが前払金（資産）である。

⑤借入金…他人から金銭を借りた場合に生じる債務をいう。これと反対のものが貸付金（資産）である。

（4）資本（純資産）

　資本とは，資金の調達源泉のうち，負債（他人資本）以外のものをいう（自己資本）。具体的には，所有主（株主など）からの出資額（元手），およびその増加額（もうけ）をいう。

　以下，株式会社を前提に主な資本の勘定科目を示しておく。

①資本金…会社財産確保のための計算上の一定の金額。

②資本準備金…株主からの払込金額のうち，資本金としなかったもの。

③利益準備金…利益のうち，会社法の規定により積み立てたもの。

④任意積立金…利益のうち，企業が任意で積み立てたもの。

⑤繰越利益剰余金（未処分利益）…利益のうち，未だ処分されていないもの。

（5）資本等式と貸借対照表等式

［資本等式と貸借対照表等式］

①　資本等式

　資本は資産の総額から負債の総額を差し引いた残額であるから，次のような資本を計算する等式が成り立つ。これを資本等式という。

●資本等式：資産－負債＝資本

19

② **貸借対照表等式**

　資本等式の左にある負債を右に移すと，貸借対照表の仕組みを表した等式が導かれる。この等式を貸借対照表等式という。

　●貸借対照表等式：資産＝負債＋資本

（6）財産法による純損益の計算

　資本は資産と負債の差額であるから，資本自体が直接増減していなくても，資産や負債の増減により，間接的に増減する。そこで，期首と期末の資本を比較することによって，資本がいくら増えたのか減ったのか，すなわち，純損益を計算することができる。

　このように，期末資本から期首資本を差し引いて純損益を計算する方法を財産法という。

　●財産法：期末資本－期首資本＝当期純利益

　　　　　　　　　　　　　（マイナスの場合は当期純損失）

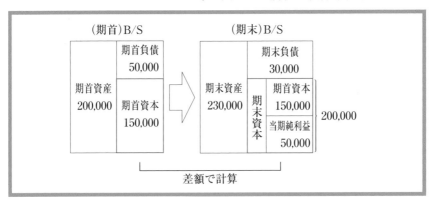

[財産法の仕組み]

3．収益・費用と損益計算書

　企業の経営成績は，収益と費用の２つの内容とその差額の純損益で構成される損益計算書により明らかにされる。

[収益・費用]

（1）収益・費用

　貸借対照表によって期首と期末の資本を比較すれば，1会計期間の純損益，すなわち資本がいくら増えたのか，または減ったのかがわかる。しかし，これだけでは，どんな原因でいくらもうけたのか，または損したのかという経営成績はわからない。その原因を表すのが収益と費用である。

〈収益〉

　収益とは，大まかにいえば，企業が販売・提供した財貨・用役の対価をいう。

　企業は商品を仕入れたときよりも高い価額で販売したり，サービスを行って手数料を受け取ったりする。このような企業がかせいだものを収益といい，資本を増やす原因となる。

　以下，主な収益の勘定科目とイメージを示しておく。

①売上…商品を販売して得た対価をいう。

②受取利息…他人に金銭を貸して受け取った利息や預貯金の利息をいう。

③受取手数料…販売手数料や仲介手数料などとして受け取った対価をいう。

④受取家賃…建物などを賃貸して得た家賃収入をいう。

⑤雑益…不要になったものを売却した場合などで，金額が少なかったり，特に重要性が乏しいときなどに用いる勘定科目。

〈費用〉

　費用とは，大まかにいえば，企業が収益獲得のために犠牲としたものをいう。

　企業は，従業員を雇って給料を支払ったり，建物を借りて家賃を支払ったりする。このようなもうけるためにかかったものを費用といい，資本を減らす原

因となる。

　以下，主な費用の勘定科目とイメージを示しておく。

①仕入…商品^(注)を購入したときに支払った代価をいう。

②給料…従業員に支払った給与，賃金などをいう。

③消耗品費…事務用品などの購入代金をいう。

④通信費…はがき，切手，電話料などの費用をいう。

⑤広告費…新聞・雑誌への広告料，チラシ，看板などの費用をいう。

⑥発送費…商品を得意先に発送するために要した運送費用をいう。

⑦支払家賃…建物などを賃借したときに支払った賃借料をいう。

⑧水道光熱費…事務所などで使用した電力，ガス，水道料金をいう。

⑨支払保険料…建物，車両などに掛けた損害保険の掛金をいう。

⑩旅費交通費…出張などに要した電車，バス，タクシー，宿泊代などをいう。

⑪雑費…新聞代などのような，少額で重要性の乏しい費用を支払ったときに用いる勘定科目をいう。

⑫支払利息…他人より借り入れた金銭に対して支払った利息をいう。

(注) 商品は具体的な物であるため，本来は資産とすべきであるが，簿記では費用として処理するのが一般的である。なお，販売した商品等の原価を売上原価という。

（2）損益計算書等式

[損益計算書等式]

　損益計算書の仕組みを表すと，次の式となる。この等式を損益計算書等式という。損益計算書はこの等式に基づいて作成されるため，左側に費用と当期純利益が，右側に収益が記入され，左側の合計額と右側の合計額が一致する。

●損益計算書等式：費用＋当期純利益＝収益

（3）損益法による純損益の計算

　収益が資本を増やす原因で，費用が資本を減らす原因である。したがって，純損益は1会計期間に発生した収益から費用を差し引いても計算できる。

　このように，収益から費用を差し引いて純損益を計算する方法を損益法という。

●損益法：収益－費用＝当期純利益

　　　（マイナスの場合は当期純損失）

4．財産法と損益法の関係

　損益法で計算される当期純利益は，財産法で計算される当期純利益と必ず一致する。

　このように純損益の計算が正しく行われたかどうかを，自動的に検証することができる。これは複式簿記の大きな特徴の1つである。

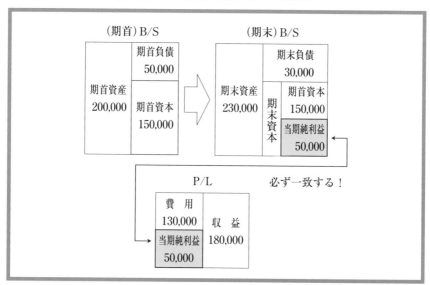

［財産法と損益法］

Exercise

問題　次の資料により，当期末の損益計算書と貸借対照表を完成させなさい。

〈資料〉
1　期首の資産および負債
　　現金 600,000 円　借入金 200,000 円
2　期中の資産・負債の増減
　①　1個 10,000 円の商品を 20 個仕入れ，代金 200,000 円は現金で支払った。
　②　①の商品 15 個を1個につき 15,000 円で販売し，代金 225,000 円は現金で
　　　受け取った。
　③　借入金 50,000 円を現金で返済した。
　④　家賃 50,000 円を現金で支払った。

損益計算書

費　　　　　用	金　　額	収　　　　　益	金　　額
売 上 原 価	（　　　）	売　　　　　上	（　　　）
支 払 家 賃	（　　　）		
当 期 純 利 益	（　　　）		
	（　　　）		（　　　）

貸借対照表

資　　　　　産	金　　額	負債および資本	金　　額
現　　　　　金	（　　　）	借 入 金	（　　　）
商　　　　　品	（　　　）	資 本 金	（　　　）
		当 期 純 利 益	（　　　）
	（　　　）		（　　　）

解答

損益計算書

費 用	金 額	収 益	金 額
売 上 原 価	(150,000)	売 上	(225,000)
支 払 家 賃	(50,000)		
当 期 純 利 益	(25,000)		
	(225,000)		(225,000)

貸借対照表

資 産	金 額	負債および資本	金 額
現 金	(525,000)	借 入 金	(150,000)
商 品	(50,000)	資 本 金	(400,000)
		当 期 純 利 益	(25,000)
	(575,000)		(575,000)

1 期首の資産・負債の資料より，期首の資本金を計算する。
　　現金 600,000 円－借入金 200,000 円＝資本金 400,000 円
2 期中の資産・負債の増減
　① 商品（仕入）200,000 円の増加→現金 200,000 円の減少
　② 売上収益 225,000 円の計上→現金 225,000 円の増加
　（注）①の商品 200,000 円
　　　　├ 販売→売上原価 150,000 円
　　　　└ 売れ残り→商品 50,000 円
　③ 借入金 50,000 円の減少→現金 50,000 円の減少
　④ 支払家賃 50,000 円の計上→現金 50,000 円の減少

3 一般原則

本節では，企業会計原則の７つの一般原則と重要性の原則を合わせて８つの原則それぞれについて漏れなく理解してください。すべて本試験の出題頻度が高いものばかりです。

1．一般原則

　企業会計原則は，**一般原則**，**損益計算書原則**および**貸借対照表原則**の３つのものから構成されている。

　このうち一般原則は，損益計算書原則および貸借対照表原則に共通するもの，または会計全般にわたる基本となるべきものであって，次の**７つ**の原則から構成される。

　①真実性の原則

　②正規の簿記の原則

　③資本取引・損益取引区分の原則

　④明瞭性の原則

　⑤継続性の原則

　⑥保守主義の原則

　⑦単一性の原則

　また，このほかに一般原則ではないが重要な原則として「重要性の原則」がある。

2．真実性の原則

┌─【真実性の原則】────────────────────

　企業会計は，企業の財政状態及び経営成績に関して，**真実な報告**を提供するものでなければならない。

（「企業会計原則」一般原則一）
└──────────────────────────────

（1）位置付け

　この原則は，他の諸原則の上位に位置し，これらを総括する基本原則である。

　具体的な「真実な内容」は他の諸原則が表現しており，他の諸原則を遵守し適用することが「真実な報告」に通じる。

　すなわち，真実性の原則は，他の一般原則，損益計算書原則，貸借対照表原則の上位にたち，それらを遵守することを要請する**企業会計の最高規範**であり，具体的な真実の内容は他の諸原則によって明らかになるのである。

（2）真実性の内容

　真実性の原則にいう真実は**相対的真実**と呼ばれる。

　旧ドイツ商法においては，一時点において企業が所有し負担する資産および負債をすべて貸借対照表に記載するとともにそれらをすべて時価で評価した。したがって，このようにして作成された貸借対照表はただ一通りしか存在しないと考えられたので，旧ドイツ商法における真実とは**絶対的真実**と呼ばれる。

　これに対して今日の企業会計においては，たとえば減価償却における定額法，定率法のように1つの会計事実に対して複数の会計処理の原則，手続きが認められる場合があり，経営者がどの方法を採用するかによって財務諸表に記載される金額が変わってくる。しかし，いずれの方法を採用していてもそれが認められた方法である限り，これによって作成された財務諸表はいずれも真実なものとして取り扱われるものである。

　すなわち，今日の財務諸表は，「記録された事実と会計上の慣習と個人的判断の総合的表現」によって作成されており，財務諸表の真実性は唯一絶対的なものではなく，相対的にならざるをえないのである。

3．正規の簿記の原則

┌─【正規の簿記の原則】─────────────────────

　企業会計は，すべての取引につき，正規の簿記の原則に従って，正確な会計帳簿を作成しなければならない。

（「企業会計原則」一般原則二）
└──────────────────────────────────

　正規の簿記の原則は，まず帳簿記録を行うにあたって，次の３つの要件を満たすことを要請している。

①**網羅性**…会計帳簿に記録すべき事実がすべて，漏れなく記録されていること

②**検証可能性**…会計記録が証憑等の証拠書類によって裏付けられていること

③**秩序性**…会計記録が一定の法則に従って秩序をもっていること

　さらに，一般にはこの原則は**正しい会計処理に基づく記録**をも要請していると考えられている。ここで，何が正しい処理であるかは他の諸原則によって明らかにされると考えられる。

　正規の簿記の原則から，財務諸表は誘導法による作成が要請され，期末の実地棚卸による財産目録法は否定される。

　なお，会計処理を行ううえでの判断にあたっては，後で説明するように重要性の原則が関係してくる。

4．資本取引・損益取引区分の原則

┌─【資本取引・損益取引区分の原則】─────────────

　資本取引と損益取引とを明瞭に区別し，特に**資本剰余金と利益剰余金**とを混同してはならない。

（「企業会計原則」一般原則三）
└──────────────────────────────────

┌─【資本取引と損益取引との区別について】─────────

（１）資本剰余金は，資本取引から生じた剰余金であり，利益剰余金は損益

取引から生じた剰余金，すなわち利益の留保額であるから，両者が混同されると，企業の財政状態及び経営成績が適正に示されないことになる。従って，例えば，新株発行による株式払込剰余金から新株発行費用を控除することは許されない。

（２）商法上資本準備金として認められる資本剰余金は限定されている。従って，資本剰余金のうち，資本準備金及び法律で定める準備金で資本準備金に準ずるもの以外のものを計上する場合には，その他の剰余金の区分に記載されることになる。　　　　　　　　　　　　　　（「企業会計原則注解」注２）

（注）（２）の規定は，現行制度と必ずしも一致しない。

（1）内容

　企業が活動していくうえで，元本として使用される資本とその運用によって得られた果実たる利益を，フロー面とストック面から区分すべきことを要請した原則である。

（2）資本取引と損益取引の内容

①　資本取引

　資本取引とは，資本の増加およびその返還の取引をいう。資本金および資本剰余金が直接増減する取引をいう。

②　損益取引

　損益取引とは，経営活動としての収益取引と費用取引からなる。その結果として利益剰余金が増減する取引をいう。

（3）資本剰余金と利益剰余金の内容（会計学上の分類）

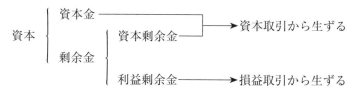

① **資本剰余金**

資本剰余金 ┤ 資本準備金
　　　　　　その他の資本剰余金

1）資本準備金（払込剰余金の一部）…株主からの資本

　　株式払込剰余金など

2）その他の資本剰余金

　　・資本準備金にならない払込剰余金…株主からの資本

　　　自己株式処分差益など

　　・贈与剰余金…株主以外からの資本

　　　ア）国庫補助金　イ）工事負担金　ウ）私財提供益

　　　エ）債務免除益

　　・評価替剰余金…貨幣価値変動に基づく資本

　　　ア）保険差益　イ）固定資産評価差益

② **利益剰余金**

　　　　　　　　　利益準備金

利益剰余金 ┤　　　　　　　　　　　┤ 任意積立金

　　　　　　　その他の利益剰余金

　　　　　　　　　　　　　　　　　　繰越利益剰余金

5．明瞭性の原則

┌【明瞭性の原則】─────────────────────────────

　企業会計は，財務諸表によって，利害関係者に対し必要な会計事実を
明瞭に表示し，企業の状況に関する判断を誤らせないようにしなければ
ならない。　　　　　　　　　　　　　　　　（「企業会計原則」一般原則四）

┌【重要な会計方針の開示について】───────────────────

　財務諸表には，重要な会計方針を注記しなければならない。

　会計方針とは，企業が損益計算書及び貸借対照表の作成に当たって，

その財政状態及び経営成績を正しく示すために採用した会計処理の原則
及び手続並びに表示の方法をいう。

　会計方針の例としては，次のようなものがある。

イ　有価証券の評価基準及び評価方法

ロ　たな卸資産の評価基準及び評価方法

ハ　固定資産の減価償却方法

ニ　繰延資産の処理方法

ホ　外貨建資産・負債の本邦通貨への換算基準

ヘ　引当金の計上基準

ト　費用・収益の計上基準

　代替的な会計基準が認められていない場合には，会計方針の注記を省
略することができる。　　　　　　　　　（「企業会計原則注解」注1－2）

──【重要な後発事象の開示について】──────────────

　財務諸表には，損益計算書及び貸借対照表を作成する日までに発生し
た重要な後発事象を注記しなければならない。

　後発事象とは，貸借対照表日後に発生した事象で，**次期以後**の財政状
態及び経営成績に影響を及ぼすものをいう。

　重要な後発事象を注記事項として開示することは，当該企業の将来の
財政状態及び経営成績を理解するための補足情報として有用である。

　重要な後発事象の例としては，次のようなものがある。

イ　火災，出水等による重大な損害の発生

ロ　多額の増資又は減資及び多額の社債の発行又は繰上償還

ハ　会社の合併，重要な営業の譲渡又は譲受

ニ　重要な係争事件の発生又は解決

ホ　主要な取引先の倒産　　　　　　　　（「企業会計原則注解」注1－3）

──【貸借対照表の注記事項】──────────────────

　受取手形の割引高又は裏書譲渡高，保証債務等の偶発債務，債務の担
保に供している資産，発行済株式1株当たり当期純利益及び同1株当た

り純資産額等企業の財務内容を判断するために重要な事項は，貸借対照表に注記しなければならない。

（「企業会計原則」貸借対照表原則一C）

> **【継続性の原則について】**
>
> …正当な理由によって会計処理の原則又は手続に重要な変更を加えたときは，これを当該財務諸表に注記しなければならない。
>
> （「企業会計原則注解」注3　一部）

> **【役員・親会社・子会社に対する債権・債務】**
>
> 債権，債務のうち役員等企業内部の者に対するものと親会社又は子会社に対するものは，特別の科目を設けて区別して表示し，又は注記の方法によりその内容を明瞭に示さなければならない。
>
> （「企業会計原則」貸借対照表原則四　一部要約）

> **【注記事項の記載方法について】**
>
> 重要な会計方針に係わる注記事項は，損益計算書及び貸借対照表の次にまとめて記載する。なお，その他の注記事項についても，重要な会計方針の注記の次に記載することができる。
>
> （「企業会計原則注解」注1－4）

（1）内容

　財務諸表は，利害関係者が企業の状況を知るための唯一の手段であり，利害関係者が企業の財政状態および経営成績に関する判断を誤らないようにするために会計事実を明瞭に開示することを要請した原則が明瞭性の原則である。この原則は単にわかりやすく表示するのみならず利害関係者が財務諸表を的確に理解するのに必要な補足的情報の開示をも要請するものである。ただし企業の秘密の開示までは必要とはしない。また，表示，開示の判断にあたっては重要性の原則が関係してくる。

（2）具体的内容

①附属明細表の作成

②区分損益計算書の作成

③貸借対照表の区分表示

④総額主義による表示

⑤重要事項の注記

⑥重要な会計方針の開示

⑦重要な後発事象の開示

6．継続性の原則

---【継続性の原則】---

　企業会計は，その処理の原則及び手続を毎期継続して適用し，みだり
にこれを変更してはならない。　　　　　（「企業会計原則」一般原則五）

---【継続性の原則について】---

　企業会計上継続性が問題とされるのは，一つの会計事実について二つ
以上の会計処理の原則又は手続の選択適用が認められている場合である。
このような場合に，企業が選択した会計処理の原則及び手続を毎期継続
して適用しないときは，同一の会計事実について異なる利益額が算出さ
れることになり，財務諸表の期間比較を困難ならしめ，この結果，企業
の財務内容に関する利害関係者の判断を誤らしめることになる。

　従って，いったん採用した会計処理の原則又は手続は，**正当な理由**に
より変更を行う場合を除き，財務諸表を作成する各時期を通じて継続し
て適用しなければならない。

　なお，正当な理由によって，会計処理の原則又は手続に重要な変更を
加えたときは，これを当該財務諸表に注記しなければならない。

　　　　　　　　　　　　　　　　　　　（「企業会計原則注解」注3）

（1）継続性の原則を必要とする理由

　企業会計においては，1つの会計事実において2つ以上の会計処理が認められる場合がある。そして，いずれの会計処理を採用するかによって財務諸表の数値が変わってくる。したがって，自由な変更を認めれば経営者の恣意性によって利益操作の余地が生じるし，利益操作を意図していなくとも財務諸表の期間比較性が失われてしまう。利害関係者の意思決定に役立つ情報を開示するには継続性の原則によって**利益操作**を排除し，財務諸表の**期間比較性を確保**する必要があるのである。

（2）継続性の原則が問題となる変更

　1つの会計事実に対して2つ以上の会計処理が認められる場合であって，認められた会計処理から認められた会計処理への変更を行う場合である。

①適　正　な　処　理→認められない処理　　｜
②認められない処理→認められない処理　　｜企業会計原則違反
③認められない処理→適　正　な　処　理…当然の変更
④適　正　な　処　理→適　正　な　処　理…この場合にのみ，継続性の原則との関連が問題となる。

（3）変更の「正当な理由」

　一般原則の「**みだりに**」をいかに解するかについては，「企業会計原則注解」注3で「**正当な理由**」がある場合には変更を認めることを指示している。
「正当な理由」とは，企業内外の諸条件の変化によって，従来の会計処理方法を変更したほうが，期間損益計算をより適正に，より適法に遂行できる場合である。

```
                 ┌─内的理由───企業の大規模な経営方針の変更
                 │          ⎛取扱品目の変更，製造方法の⎞
正当な理由───┤          ⎝変更，経営組織の変更など⎠
                 └─外的理由───経済環境の急激な変化
                            ⎛国際経済環境の急変，急激な⎞
                            ⎜貨幣価値の変動，関連法令の⎟
                            ⎝改廃など              ⎠
```

7．保守主義の原則

【保守主義の原則】

　企業の財政に不利な影響を及ぼす可能性がある場合には，これに備え
て適当に健全な会計処理をしなければならない。

（「企業会計原則」一般原則六）

【保守主義の原則について】

　企業会計は，予測される将来の危険に備えて慎重な判断に基づく会計
処理を行わなければならないが，過度に保守的な会計処理を行うことに
より，企業の財政状態及び経営成績の真実な報告をゆがめてはならない。

（「企業会計原則注解」注4）

　企業を取り巻く経済環境は著しく変化しており，企業は常に将来の不確実性
に直面している。したがって会計処理も「予想の利益は計上してはならない
が，予想の損失は計上しなければならない」という格言で表されるような，利
益をできるだけ控えめに計上するという保守的な会計慣行が生まれた。ただ，
このような保守的な会計慣行は実務の要請として生まれてきたものであるか
ら，保守的な会計処理を積極的に要請する理論的な根拠があるわけではない。

　保守主義はあくまで真実性の原則に反しない範囲で認められるものであるか
ら，過度な保守主義は認められない。

〈保守主義の原則の適用例〉

　①棚卸資産の評価における低価法の採用→原価法の採用より保守的

②割賦販売の回収基準，回収期限到来基準→販売基準より保守的

③繰延資産計上の任意性と償却→一時費用処理の方が保守的

④引当金の設定→引当金を設定しないより保守的

⑤減価償却における定率法の採用→定額法の採用より保守的

8．単一性の原則

【単一性の原則】

　株主総会提出のため，信用目的のため，租税目的のため等種々の目的のために異なる形式の財務諸表を作成する必要がある場合，それらの内容は，信頼しうる会計記録に基づいて作成されたものであって，政策の考慮のために事実の真実な表示をゆがめてはならない。

（「企業会計原則」一般原則七）

　単一性の原則は，財務諸表の形式的単一性を意味するのではなく，財務諸表の作成される基礎となる会計記録が同一でなければならないという**実質的単一性**を要求するものである（実質一元・形式多元）。また，この原則により二重帳簿の禁止が要求される。

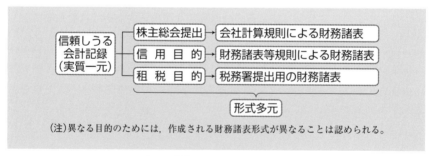

［単一性の原則］

9．重要性の原則

┌─【重要性の原則の適用について】─────────────────────────

　企業会計は，定められた会計処理の方法に従って正確な計算を行うべきものであるが，企業会計が目的とするところは，企業の財務内容を明らかにし，企業の状況に関する利害関係者の判断を誤らせないようにすることにあるから，**重要性の乏しいものについては**，本来の厳密な会計処理によらないで他の簡便な方法によることも正規の簿記の原則に従った処理として認められる。

　重要性の原則は，財務諸表の表示に関しても適用される。

　　　　　　　　　　　　　　　　　　　　　　（「企業会計原則注解」注１）

└─────────────────────────────────────

（１）内容

　利害関係者に，企業の財政状態や経営成績を判断するうえで有用な情報な提供するという立場から，会計処理や表示にあたって，重要性の高いものは厳密な会計処理や明瞭な表示を要請するとともに，重要性の乏しいものについては簡便な処理や表示を省略することができる原則である。

（２）具体的適用例

① 消極的側面

　１）会計処理面

┌─【重要性の原則の適用について】─────────────────────────

　重要性の原則の適用例としては，次のようなものがある。

（１）消耗品，消耗工具器具備品その他の貯蔵品等のうち，重要性の乏しいものについては，その買入時又は払出時に費用として処理する方法を採用することができる。

（２）前払費用，未収収益，未払費用及び前受収益のうち，重要性の乏しいものについては，経過勘定項目として処理しないことができる。

└─────────────────────────────────────

（3）引当金のうち，重要性の乏しいものについては，これを計上しない
　　ことができる。

（4）たな卸資産の取得原価に含められる引取費用，関税，買入事務費，
　　移管費，保管費等の付随費用のうち，重要性の乏しいものについては，
　　取得原価に算入しないことができる。　　　（「企業会計原則注解」注1）

　2）会計表示面

【重要性の原則の適用について】
（5）分割返済の定めのある長期の債権又は債務のうち，期限が1年以内
　　に到来するもので重要性の乏しいものについては，固定資産又は固定
　　負債として表示することができる。　　　（「企業会計原則注解」注1）

【特別損益項目について】
…特別損益に属する項目であっても，金額の僅少なもの又は毎期経常的
に発生するものは，経常損益計算に含めることができる。
　　　　　　　　　　　　　　　（「企業会計原則注解」注12　一部）

【法人税等の追徴税額等について】
　法人税等の更正決定等による追徴税額及び還付税額のうち，重要性の
乏しいものは当期の負担に属するものに含めて表示できる。
　　　　　　　　　　　　　　　（「企業会計原則注解」注13　要約）

② 積極的側面…会計表示面のみ
　1）会計処理面…正規の簿記の原則の項を参照のこと。
　2）会計表示面…明瞭性の原則の項を参照のこと。

（3）重要性の原則と一般原則との関係について

① 正規の簿記の原則との関係

　重要性の原則の適用によって，本来の厳密な方法に代えて簡便な方法によっ
た結果，簿外資産または簿外負債が生じたとしても，これは正規の簿記の原則

によって処理されたものとみなされる。したがって，**重要性の原則は，正規の簿記の原則に包含される**ものである。

②　明瞭性の原則との関係

　明瞭表示の原則は，利害関係者が企業状況に関する判断を誤らせないために必要とされるものである。

　「重要でない」事項は正確詳細に記載する必要はなく，一方「もしそれが表示されたならば，財務諸表から得られる印象に重要な変化が生ずるであろう」事項はできるだけ正確詳細に表示することになる。すなわち，明瞭表示の具体的方法に関する１つの判断基準として重要性があるのであり，**重要性の原則は明瞭性の原則に包含される**ものである。

［重要性の原則と一般原則との関係］

Exercise

問題① 企業会計原則に関する次の記述のうち，妥当なものはどれか。

1 保守主義の原則は，予測される将来の危険に備えて慎重な判断に基づく会計処理を行うことを要請しており，この原則からすれば，有形固定資産の減価償却は，定率法よりも定額法を選択する方が好ましい。

2 資本取引・損益取引区分の原則は，貸借対照表の資本金，資本準備金および利益剰余金を増減させる資本取引を損益取引と明瞭に区分することにより，資本の外部流出を防ぐ原則である。

3 正当な理由による会計処理の原則または手続の変更は，継続性の原則の例外として認められているが，正当な理由によって重要な変更を加えたときはその変更の旨を財務諸表に注記しなければならない。

4 財務諸表によって利害関係者に対し必要な会計事実を明瞭に表示することを要求する明瞭性の原則は，原則として純額表示による記載を要求している。

5 企業が種々の目的のために異なる財務諸表を作成する場合，利益操作のおそれがあり，単一性の原則に反するので認められない。

••

解説

一般原則についての記述である。一般原則については特に出題頻度が高いので，落としてはいけないものの1つである。

1 誤。保守主義の原則は，予測される将来の危険に備えて慎重な判断に基づく会計処理を行うことを要請しており，この原則からすれば，有形固定資産の減価償却は，定額法よりも定率法を選択する方が好ましい。

2 誤。貸借対照表の資本金，資本準備金を増減させるのは資本取引であるが，利益剰余金の増減取引は損益取引となる。

3 妥当な記述である。
正当な理由による会計処理の原則または手続の変更は，継続性の原則の例外として認められているが，正当な理由によって重要な変更を加えたときはその変更の旨を財務諸表に注記しなければならない。

4 誤。財務諸表によって利害関係者に対し必要な会計事実を明瞭に表示することを要求する明瞭性の原則は，原則として総額表示による記載を要求している。

5 誤。企業が種々の目的のために異なる形式の財務諸表を作成する場合であっても，それらの内容が信頼しうる会計記録に基づいて作成されているのであれば，

事実の真実な表示をゆがめるものではなく，単一性の原則には反しない。

解答　3

問題②　企業会計原則に関する次の記述のうち，妥当なものはどれか。

1 単一性の原則は，財務諸表の作成される基礎となる会計記録が同一でなければならないという「実質的単一性」と，財務諸表を提出する際の報告様式についての「形式的単一性」をも要求している。

2 企業会計は，財務諸表によって利害関係者に対し必要な会計情報を提供しなければならないが，これらの財務諸表に関しても重要性の原則が適用されるので，財務諸表の脚注や附属明細表に関してもできるだけ省略した方がよい。

3 企業会計は，その処理の原則及び手続を毎期継続して適用しなければならず，いかなる場合でもその変更は認められない。

4 財務諸表は，会計処理およびその報告の両面において真実でなければならないということは，企業会計原則の最高規範である。このことから，真実性の原則が要求する真実は絶対的真実性が要求されているものと解される。

5 正規の簿記の原則の下では，会計記録および損益計算書とは無関係に，毎決算期末における財産の実地棚卸・実地評価によって作成される貸借対照表は認められていない。

解説

一般原則の基本的理解がなされているかどうかの問題である。

1 誤。単一性の原則は，財務諸表作成の基礎となる会計記録が同一でなければならないという「実質的単一性」を要求するものであり，形式的単一性を要求するものではない。

2 誤。企業会計は，財務諸表によって利害関係者に対し必要な会計情報を提供しなければならないが，これらの財務諸表の脚注や附属明細表は，必要な会計事実を明瞭に開示することを要求する明瞭性の原則の要請から必要とされる。

3 誤。正当な理由がある場合には変更することができる。

4 誤。真実性の原則が要求する真実は相対的真実である。

5 妥当な記述である。
正規の簿記の原則の下では，誘導法による財務諸表作成を要求するものであり，毎決算期末における財産の実地棚卸・実地評価によって作成される貸借対照表は認められない。

解答 **5**

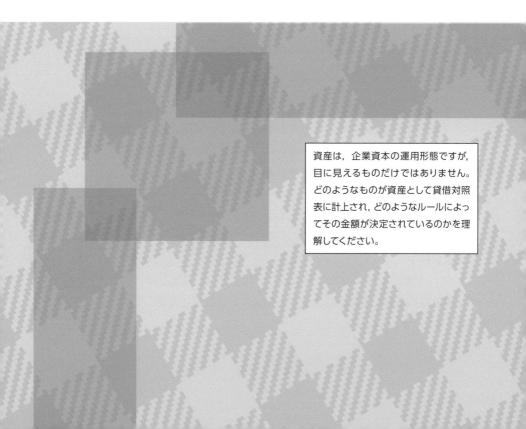

第2章

資産会計

資産は，企業資本の運用形態ですが，目に見えるものだけではありません。どのようなものが資産として貸借対照表に計上され，どのようなルールによってその金額が決定されているのかを理解してください。

1 資産会計総論

本節では，資産の分類方法，評価方法として，どのようなものがあるかを理解してください。

1. 資産会計

資産とは，企業活動の一定時点における企業資本の具体的な運用形態を示すものである。

(注) 現行制度では「資本の部」は「純資産の部」とよばれる。

[資産の意義]

かつては，資産とは企業が所有する金銭ならびに財貨および権利などのうち**換価**できるものを意味していた。それは，企業会計の主な目的を債権者の保護であるとし，この立場から，資産とは企業が解体したときに処分価値をもつものでなければならないと考えていたからである。

しかし，企業会計の主な目的を，適正なる期間損益計算におく今日においては，資産とは，継続企業を前提とした企業活動の一定時点において，経営資本の**循環過程中**にあるものを意味する。

なお，「財務会計の概念的フレームワーク」では，資産とは「過去の取引または事象の結果として，報告主体が支配している経済的資源」と定義されている。

2．資産の分類

（1）流動資産と固定資産（流動・固定分類）

┌─【資産の表示】─────────────────────────────

資産は，流動資産に属する資産，固定資産に属する資産及び繰延資産に属する資産に区別しなければならない。

（「企業会計原則」貸借対照表原則四（一））

　流動・固定分類は，企業の支払能力または財務流動性で重視する分類方法であり，資産の表示に結びつく分類方法である。

　この分類方法によれば，資産は流動資産と固定資産とに大別される。また，この流動・固定の分類基準として，正常営業循環基準と１年基準等がある。

　資産の流動・固定分類については，まず，**正常営業循環基準**が適用され，その企業の主目的たる営業活動から生じた資産は，すべて流動資産とされ，その企業の主目的たる営業活動以外から生じた資産については，**１年基準**が適用され，決算日の翌日から１年以内に現金化または費用化される資産は流動資産に属するものとし，１年を超えて現金化または費用化される資産は固定資産に属するものとする。

　なお，資産には，その他**科目の性質**や**所有目的**により分類されるものもある。長期使用目的の資産は科目の性質により固定資産（有形固定資産）となり，有価証券は所有目的により流動・固定の分類がなされる。

　①**正常営業循環基準**

現　金──→商品・製品──→売掛金・受取手形──→現　金
　　　　　（棚卸資産）　　　（売上債権）

［営業サイクル］

② 1 年基準（ワンイヤールール）

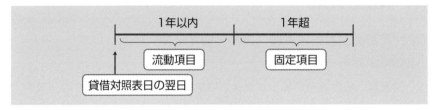

[1 年基準]

（2）貨幣性資産と非貨幣性（費用性）資産（貨幣・非貨幣分類）

　貨幣・非貨幣分類とは，資産と損益計算との関係を重視する分類方法であり，資産の評価と結びつく分類方法である。

　この分類方法によれば，資産は，最終的に現金化される貨幣性資産（預金，金銭債権）などと，最終的に費用化される費用性資産（棚卸資産，固定資産など）とに大別される。

　　貨幣性資産…例 現金および預金，受取手形，売掛金，貸付金など
　　費用性資産（≒非貨幣性資産）…例 商品，製品，原材料，建物，前渡
　　　　　　　　　　　　　　　　　　　金，繰延資産など

3．資産の評価

　資産の評価とは貸借対照表に記載する資産の価額を決定すること（貸借対照表価額の決定）である。

　会計期末の貸借対照表に記載する資産の価額を決定することは，その会計期間の収益や費用を測定することときわめて密接な関係がある。

　「貸借対照表原則五」では，資産の評価として原価主義の原則，費用配分の原則を規定している。

（1）貨幣性資産

① 原則的評価

　1）現金・預金および金銭債権

券面額，預金額または回収可能額によって評価される。

２）貨幣性資産のうち，現金・預金は券面額または預金額で評価されるのに対し，金銭債権（受取手形・売掛金等）は回収可能額，すなわち将来における収入予想額に基づいて評価される。

貨幣性資産
現金・預金…券面額または預金額によって評価

金銭債権…回収可能額によって評価
（予想される回収不能金額を控除）

資産会計

② 例外的評価

金銭債権などについては，例外的な評価方法もある。

（２）費用性（非貨幣性）資産

【(費用性) 資産の評価】

貸借対照表に記載する資産の価額は，原則として，当該資産の**取得原価**を基礎として計上しなければならない。資産の取得原価は，資産の種類に応じた**費用配分の原則**によって，各事業年度に配分しなければならない。

有形固定資産は，当該資産の耐用期間にわたり，定額法，定率法等の一定の減価償却の方法によって，その取得原価を各事業年度に配分し，無形固定資産は，当該資産の有効期間にわたり，一定の減価償却の方法によって，その取得原価を各事業年度に配分しなければならない。繰延資産についても，これに準じて，各事業年度に均等額以上を配分しなければならない。 （「企業会計原則」貸借対照表原則五 一部）

費用性資産は原価主義によって評価される。ここで原価主義とは，費用性資産の取得に要した支出額，すなわち取得原価に基づいて評価する評価原則を意味する。

また，費用性資産の取得原価は，費用配分の原則によって各会計期間に費用として配分され，費用配分後の残余部分が各会計期間末における評価額となる。

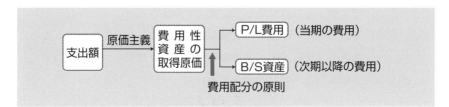

［費用性資産の評価］

		投資の性質	
		金融投資	事業投資
資産の分類	金融資産	（典型的な組合せ） ・売買目的有価証券 ・デリバティブ	（特殊な組合せ） ・子会社・関連会社株式 ・満期保有目的の債券
	非金融資産	（特殊な組合せ） ・トレーディング目的の 　棚卸資産	（典型的な組合せ） ・販売目的の棚卸資産 ・固定資産 などの事業資産

　貨幣性資産と費用性資産の分類との関係でいえば，金融資産は概ね貨幣性資産に該当し，事業資産は概ね費用性資産に該当すると考えればよい。
④　投資の性質による資産評価と損益計算
　企業が行う投資活動のうち，金融投資は時価で評価され，事業投資は取得原価で評価し，費用配分を行う。

	投資の性質	
	金融投資	事業投資
資産評価	時価評価する	取得原価で評価し，費用配分を行う
損益計算	時価評価による差額は実現主義（又は実現可能性基準）により損益として認識する	実現主義により認識した売上収益から対応費用を差し引いて損益として認識する

4. 資産評価の考え方

　資産の評価（貸借対照表価額の決定）についての考え方は，(1) 原価主義，(2) 時価主義，(3) 割引現価主義の3つに分類することができる。また，(1) 原価主義の例外として (4) 低価主義がある。

（1）原価主義（原価基準）

① 意義

　原価主義とは，資産を取得原価に基づいて評価する考え方をいう。いわば資産評価を過去の尺度に基づいて行う考え方である。ここで，取得原価とは資産を取得するにあたって犠牲となった資産の価額をいい，通常の場合は資産を取得するのに要した支出額をいう。

　原価主義は，現行の企業会計における原則的な資産の評価原則である。

② 長所（時価主義と比較した場合の長所）

　1）原価主義は，取得に要した支出額により資産を評価するため，資産評価の方法に関して首尾一貫性を保つことができ，検証可能性が高く，資産評価の客観性・確実性が確保される。

　2）原価主義は，資産を取得原価で評価するため，会計上の利益計算に有用であり，また，未実現利益の計上を防止することができる。

③ 短所（時価主義と比較した場合の短所）

　1）原価主義は，物価変動時には資産の評価額が時価と乖離することがあるため経済的実態をあらわさず，利害関係者に対する有用な会計情報の開示が可能でないことがある。

　2）原価主義は，たとえば物価上昇時には，減価償却費のように過去の取得原価に基づいて算定される費用が，売上高のような最近の価格水準を反映する収益に対応させられることとなり，費用収益の対応計算においてその合理性がくずれ，本来の営業活動に基づかない物価上昇に基づく名目利益が利益計算に算入されることがある。

　3）原価主義は，資産の保有期間中には保有損益は計上されないため，仕入・製造・販売という一連の営業過程で徐々に生じているはずの利益が販売時点で一括して計上されることになり不合理であるという批判がある。

（2）時価主義（時価基準）

①　意義

　時価主義とは，資産を評価時点（通常は期末）での**時価（市場価格）**に基づいて評価する考え方をいう。いわば資産評価を**現在**の尺度に基づいて行う考え方である。

　時価主義は，現行の企業会計においては有価証券の評価などに部分的に導入されている。

　また，時価主義における時価の考え方には，資産を再調達した場合に必要な価額にもとづいて時価を考える取替原価（再調達原価）主義と，資産を売却した場合の価額にもとづいて時価を考える売却時価主義とがある。

　再調達原価とは，購買市場（当該資産を購入しなおす場合に参加する市場）において成立している価格をいい，売却時価（正味売却価額，正味実現可能価額ともいう）は売却市場（当該資産を売却処分する場合に参加する市場）で成立している価格から見積販売経費やアフターコストなどを控除したものをいう。

②　長所（原価主義と比較した場合の長所）

　1）時価主義は，すべての資産が換金価値を表すため債権者保護のための債務支払能力の表示が可能である。また，時価（期末現在の市場価格）の方が期末現在の経済的実態をより適切に表示するものと考えることもできる。

　2）時価主義は，たとえば有形固定資産について時価評価し，これに基づいて減価償却を行うならば，費用と収益が同じ水準の価格水準で対応させることができる。

　3）資産の保有期間中に保有損益が計上され利益を段階的に計上することができる。

③　短所（原価主義と比較した場合の短所）

　1）時価主義は，資産の時価を客観的に決定することが一般に困難であるた

め，評価担当者の判断の相違や評価時点の相違によって資産の時価が異なる可能性があり，検証可能性および客観性・確実性に欠ける。

2）時価主義は，時価が取得原価を上回っている場合には，未実現の評価益が会計上の利益計算に算入され，利益の分配可能性等に問題がある。

（3）割引現価主義

①　意義

資産を，当該資産から得られる各期間の将来現金収入額（キャッシュ・フロー）を一定の割引率で割り引いた現在価値の総和で評価する考え方である。いわば資産評価を将来の尺度にもとづいて行う考え方をいう。

割引現価主義は，現行の企業会計では退職給付に係る会計基準などにおいて部分的に導入されるにとどまっている。

②　長所

資産を企業にキャッシュ・フローをもたらす効用をもった資源とみる資産概念によれば，当該資産から得られるであろうキャッシュ・フローを現在価値に割り引いた額を当該資産の評価額とすることが理論上最も合理的であると考えられる。

③　短所（原価主義と比較した場合の短所）

割引現価主義は，将来のキャッシュ・フローの予測や割引率の決定に主観が多く混入するなどの問題点がある。

（4）低価主義（低価基準）

①　意義

低価主義とは，決算期に原価（または簿価）と時価とを比較して，いずれか低い方の価額をもって資産を評価する基準であり，棚卸資産に対して適用される(注)。

(注) 平成18年7月5日に，企業会計基準委員会より「棚卸資産の評価に関する会計基準」が公表され，棚卸資産の評価について低価基準が原則となるなどの大きな変更が行われた。

② 採用根拠

　低価主義によれば，ある期には原価が，またある期には時価が選択されることになり，各会計期間ごとの評価の一貫性が失われ，期間損益計算の見地からは合理性をもたない。

　しかし，低価主義は広く各国において古くから行われてきた慣行的評価思考であり，現在でも実務界から広く支持され，また保守主義[注]の見地から有用であるため，原価主義の例外として認められる。

(注) 保守主義とは，選択可能な2つ以上の方法のうち，結果的に利益が小さくなる（＝費用が多くなる）方法を選択する考え方である。

③ 時価概念

　低価基準を適用する場合，原価と比較すべき時価概念としては，正味実現可能価額と再調達原価の2つがある。

Exercise

問題　資産に関する次の記述のうち，妥当なものはどれか。

1 資産はすべて，正常営業循環基準または1年基準によって流動資産または固定資産に分類される。

2 資産を流動資産と固定資産に分類するのは，損益計算を重視するからである。

3 現行制度上，資産を時価によって評価することはない。

4 債権者保護のための債務弁済能力の表示を会計の目的とすれば，資産はすべて正味実現可能価額で評価すべきである。

5 資産の評価基準である低価基準は，保守主義とは矛盾するが，慣行的評価思考として容認されている。

••

解説

1 誤。ほとんどの資産は，正常営業循環基準と1年基準により流動・固定分類がなされるが，科目の性質（有形固定資産など）や保有目的（有価証券など）により分類されるものもある。

2 誤。資産を流動資産と固定資産に分類するのは，企業の支払能力または財務的流動性を重視するためである。

3 誤。低価基準を採用した場合，時価が簿価（原価）を下回る場合には時価によって評価される。また，有価証券の一部などは，時価で評価される。

4 妥当な記述である。

5 誤。低価基準は一般に保守主義を採用根拠とする。

解答　4

2 金融資産

金融資産は，とくに金銭債権と有価証券の評価についてしっかりと
整理してください。

1．金融資産の意義

（1）金融資産の範囲

　金融資産とは，現金預金，金銭債権，株式その他の出資証券および公社債な
どの有価証券ならびにデリバティブ取引により生じる正味の債権などをいう。

（2）金融資産の発生・消滅の認識

　金融資産については，通常の商品等の売買や役務の提供の対価に係る金銭債
権は，原則として当該商品等の受け渡し又は役務提供の完了によりその発生を
認識する。しかし，有価証券の取得やデリバティブ取引など金融資産自体を対
象とする取引においては，原則として金融資産の契約上の権利を生じさせる契
約を締結したとき（約定時）に当該金融資産の発生を認識しなければならな
い。

　また，金融資産は，金融資産の契約上の権利を行使したとき，契約上の権利
を喪失したとき，契約上の権利に対する支配が他に移転したときにその消滅を
認識する。

2．金銭債権

（1）金銭債権の意義

　金銭債権とは，将来他人から一定額の金銭の支払いを受ける権利をいい，営
業取引から生じた**営業債権**（受取手形，売掛金など）と営業取引以外から生じ
た**営業外債権**（貸付金，立替金，未収金など）に分類される。

資産会計

（2）金銭債権の評価

【金銭債権の評価】

一　債権

受取手形，売掛金，貸付金その他の債権の貸借対照表価額は，**取得価額から貸倒見積高に基づいて算定された貸倒引当金を控除した金額**とする。ただし，債権を債権金額より低い価額又は高い価額で取得した場合において，取得価額と債権金額との差額の性格が，**金利の調整**と認められるときは，**償却原価法**に基づいて算定された価額から貸倒見積高に基づいて算定された貸倒引当金を控除した金額としなければならない。

（「金融商品に関する会計基準」14）

(注) 債権金額とは，期日が来たら返してもらえる金額のことであり，取得価額とはその債権を取得するのに要した支出額のことである。

【償却原価法】

償却原価法とは，金融資産又は金融負債を債権額又は債務額と異なる金額で計上した場合において，当該差額に相当する金額を弁済期又は償還期に至るまで毎期一定の方法で取得価額に加減する方法をいう。なお，当該加減額を受取利息又は支払利息に含めて処理する。

（「金融商品に関する会計基準」注5）

なお，償却原価法の適用については原則として利息法によるが，例外として定額法（直線法）も認められる。

これらの規定をまとめると次のようになる。

〈金銭債権の評価〉

取得の形態		貸借対照表価額
債権金額＝取得価額		取得価額－貸倒引当金
債権金額≠取得価額	取得差額が金利の調整と認められない場合	
	取得差額が金利の調整と認められる場合	償却原価－貸倒引当金

資産会計

[設例] 償却原価法

　1年度期首に貸付債権（債権金額10,000円。返済期日2年度期末）を現金9,000円で取得した場合の1年度期末（貸倒引当金200円を設定）のこの貸付金の貸借対照表価額（B/S価額）は次のようになる。なお，取得差額は金利の調整と認められるため，償却原価法（定額法）を適用する。

＊1年度期首［取得時］

　（借）貸 付 金 9,000　　　（貸）現　　金 9,000

＊1年度期末［償却原価法の適用］

　（借）貸 付 金 500　　　　（貸）受取利息 500

　　10,000 － 9,000 ＝ 1,000（取得差額）

$$1,000 \times \frac{12 \text{カ月（1年）}}{24 \text{カ月（2年）（取得日から返済期日までの期間）}} = 500$$

　　9,000 ＋ 500 ＝ 9,500（償却原価）

　∴ B/S価額：9,500 － 200 ＝ 9,300（償却原価－貸倒引当金）

＊2年度期末［償却原価法の適用］

　（借）貸 付 金 500　　　　（貸）受取利息 500

＊2年度期末［決済時］

　（借）現　　金 10,000　　（貸）貸 付 金 10,000

（3）貸倒引当金

　貸倒引当金とは，受取手形，売掛金，貸付金などの金銭債権が次期以降に回

収不能となる可能性がある場合，この貸倒れに備えて設定する引当金である。

① 債権の区分

貸倒引当金算定の基礎となる貸倒見積高は次のように算定する。

「金融商品に関する会計基準」によれば，債権は，債務者の財政状態および経営成績などに応じて次のように分類される。

1）**一般債権**…………………経営状態に重大な問題が生じていない債務者に対する債権

2）**貸倒懸念債権**…………経営破綻の状態には至っていないが，債務の弁済に重大な問題が生じているか，または生じる可能性の高い債務者に対する債権

3）**破産更生債権等**………経営破綻または実質的に経営破綻に陥っている債務者に対する債権

② 貸倒見積高の算定

┌─【貸倒見積高の算定】────────────────────

2　貸倒見積高の算定方法

　債権の貸倒見積高は，その区分に応じてそれぞれ次の方法による。

（1）**一般債権**については，債権全体又は同種・同類の債権ごとに，債権の状況に応じた過去の貸倒実績率等合理的な基準により貸倒見積額を算定する。（**貸倒実績率法**）

（2）**貸倒懸念債権**については，債権の状況に応じて，次のいずれかの方法により貸倒見積高を算定する。ただし，同一の債権については，債務者の財政状態及び経営成績の状況等が変化しない限り，同一の方法を継続して適用する。

　　① 債権額から担保の処分見積額及び保証による回収見込額を減額し，その残額について債務者の財政状態および経営成績を考慮して貸倒見積高を算定する方法（**財務内容評価法**）

　　② 債権の元本の回収及び利息の受取りに係るキャッシュ・フローを合理的に見積もることができる債権については，債権の元本の回収

及び利息の受取りが見込まれるときから当期末までの期間にわたり当
初の約定利子率で割り引いた金額の総額と債権の帳簿価額との差額を
貸倒見積高とする方法（**キャッシュ・フロー見積法**）

（3）**破産更生債権等**については，債権額から担保の処分見込額及び保証
による回収見込額を減額し，その残額を貸倒見積高とする（**財務内容評
価法**）。

この場合の貸倒見積高は，原則として，貸倒引当金として処理する。た
だし，債権金額又は取得価額から直接減額することもできる。

（「金融商品に関する会計基準」28 および「同注解」（注10）　一部修正）

（**注**）また，算定の単位については一般債権は債権をまとめて過去の実績率により見積る方法である
「**総括引当法**」が，貸倒懸念債権および破産更生債権等は個々の債権ごとに見積る方法である「**個
別引当法**」が採られる。

〈貸倒見積高の算定方法〉

債権の区分	貸倒見積高の算定
一般債権	貸倒実績率法
貸倒懸念債権	財務内容評価法
	キャッシュ・フロー見積法
破産更生債権等	財務内容評価法

（4）金銭債権の表示

　金銭債権のうち，当該企業の営業活動から生じたものは，正常営業循環基準
の適用により貸借対照表の流動資産に記載される。ただし，破産債権，更生債
権およびこれに準ずる債権で一年内に回収されないことが明らかなものは投資
その他の資産に記載される。

　金銭債権のうち，当該企業の営業活動以外から生じたものは，1年基準の適
用を受け，貸借対照表の流動資産または投資その他の資産に記載される。

（5）貸倒引当金の表示

【貸倒引当金の表示】

　　貸倒引当金は，その債権が属する科目ごとに控除する形式で表示する（原則：**科目別間接控除方式**）ことを原則とするが，二以上の科目について，貸倒引当金を一括して記載する方法（例外：**一括間接控除方式**）や，債権について貸倒引当金を控除した残額のみを記載し，当該貸倒引当金を注記する方法（例外：**直接控除科目別注記方式および直接控除一括注記方式**）によることも妨げない。

（「企業会計原則注解」注17　一部抜粋・変更）

原則：科目別間接控除方式		
		貸借対照表
資産の部		
受　取　手　形	10,000	
貸倒引当金	△200	9,800
売　　掛　　金	5,000	
貸倒引当金	△100	4,900

例外：一括間接控除方式		
		貸借対照表
資産の部		
受　取　手　形	10,000	
売　　掛　　金	5,000	
計	15,000	
貸倒引当金	△300	14,700

例外：直接控除科目別注記方式	
	貸借対照表
資産の部	
受　取　手　形（注）	9,800
売　　掛　　金（注）	4,900

（注）貸倒引当金がそれぞれ控除されている。
受　取　手　形　200円
売　　掛　　金　100円

例外：直接控除一括注記方式	
	貸借対照表
資産の部	
受　取　手　形（注）	9,800
売　　掛　　金（注）	4,900

（注）貸倒引当金が300円控除されている。

［貸倒引当金の表示方法］

3．有価証券

（1）有価証券の意義

　有価証券とは，株式（株券），国公社債（国債券，地方債券，社債券など），そのほか証券市場で取引されている証券をいう。

（2）有価証券の取得原価

　購入代価＋支払手数料などの付随費用＝取得原価

（3）有価証券の分類と評価

　「金融商品に関する会計基準」では，有価証券はその保有目的に応じて，売買目的有価証券，満期保有目的債券，子会社株式，関連会社株式，その他有価証券に分類される。

① 売買目的有価証券

　売買目的有価証券とは時価の変動により利益を得ることを目的として保有する有価証券である。

【売買目的有価証券の評価】

　時価の変動により利益を得ることを目的として保有する有価証券（以下，「売買目的有価証券」という。）は，**時価**をもって貸借対照表価額とし，評価差額は**当期の損益**として処理する。

（「金融商品に関する会計基準」15）

（注）時価とは公正な評価額をいい，市場において形成されている取引価格，気配又は指標その他の相場（以下，「市場価格」という）に基づく価額をいう。市場価格がない場合には合理的に算定された価額を公正な評価額とする（「金融商品に関する会計基準」6）。

［設例］
　第1期期首に売買目的有価証券100円を現金で購入した。第1期期末の時価が120円だった。

＊第1期期首［取得時］
　（借）売買目的有価証券　100　　　　　（貸）現　　　　　　金　100

＊第1期期末［決算時］

（借）売買目的有価証券　　20　　　　　（貸）有価証券評価損益　　20

当期の損益

∴貸借対照表価額：120（時価）

評価差額：20（当期の損益＝営業外損益項目）

②　満期保有目的債券

　満期保有目的債券とは満期まで保有する意図をもって保有する社債その他の債券である。

　満期保有目的債券の評価方法は前述の金銭債権の評価方法と基本的に同じである。

┌─【満期保有目的の債券】───────────────────────────

　満期まで所有する意図をもって保有する社債その他の債券（以下，「満期保有目的の債券」という。）は，**取得原価をもって貸借対照表価額とする**。ただし，債券を債券金額より低い価額又は高い価額で取得した場合において，取得価額と債券金額との差額の性格が**金利の調整**と認められるときは，**償却原価法**に基づいて算定された価額をもって貸借対照表価額としなければならない。　　　　　　　　　　（「金融商品に関する会計基準」16）

└──

┌─【償却原価法】────────────────────────────────

　償却原価法とは，金融資産又は金融負債を債権額又は債務額と異なる金額で計上した場合において，当該差額に相当する金額を弁済期又は償還期に至るまで毎期一定の方法で取得価額に加減する方法をいう。なお，当該加減額を受取利息又は支払利息に含めて処理する。

（「金融商品に関する会計基準」注5）

└──

（注）満期保有目的債券の場合には「受取利息」ではなく，「有価証券利息」で処理してもよい。

　これらの規定をまとめると次のようになる。

〈満期保有目的債券の評価〉

取得の形態		貸借対照表価額
債権金額＝取得価額		取得原価
債権金額≠取得価額	取得差額が金利の調整と認められない場合	
	取得差額が金利の調整と認められる場合	償却原価

[設例]

　1年度期首に満期まで保有する目的でA社社債（額面金額10,000円。償還日2年度期末）を現金9,000円で取得した場合の1年度期末のこの満期保有目的債券の貸借対照表価額は次のようになる。なお，取得差額は金利の調整と認められるため，償却原価法（定額法）を適用する。

＊1年度期首［取得時］

　（借）満期保有目的債券　　9,000　　　（貸）現　　　　　　金　9,000

＊1年度期末［償却原価法の適用］

　（借）満期保有目的債券　　 500　　　（貸）有 価 証 券 利 息　 500

　　10,000 － 9,000 ＝ 1,000（取得差額）

$$1,000 × \frac{12\text{カ月（1年）}}{24\text{カ月（2年）（取得日から返済期日までの期間）}} = 500$$

　　9,000 ＋ 500 ＝ 9,500（償却原価）

　∴貸借対照表価額：9,500円（償却原価）

＊2年度期末［償却原価法の適用］

　（借）満期保有目的債券　　 500　　　（貸）有 価 証 券 利 息　 500

＊2年度期末［償還時］

　（借）現　　　　　　金　10,000　　　（貸）満期保有目的債券　10,000

③　子会社株式および関連会社株式

　子会社株式とは，当社の子会社が発行している株式をいう。子会社とは，親会社が，他の会社の意思決定機関を支配している場合（50％超の株式を実質的に保有している，あるいは50％以下であっても実質的に支配している場合な

ど）の当該他の会社をいう。

　関連会社株式とは，当社の関連会社が発行している株式をいう。関連会社とは，親会社および子会社が子会社以外の他の会社の方針決定に対して重要な影響を与えることができる場合（20％以上の株式を実質的に保有している，あるいは20％未満であっても実質的に重要な影響を与えることができる場合など）における当該他の会社をいう。

┌─**【子会社株式・関連会社株式の評価】**──────────────────────
│
│　　子会社株式及び関連会社株式は，**取得原価をもって貸借対照表価額と**
│　**する。** 　　　　　　　　　　　　　（「金融商品に関する会計基準」17）
│
└──

④　その他有価証券

　その他有価証券とは，売買目的有価証券，満期保有目的の債券，子会社株式および関連会社株式以外の有価証券をいう。

┌─**【その他有価証券の評価】**──────────────────────────
│
│　　売買目的有価証券，満期保有目的の債券，子会社株式及び関連会社株
│　式以外の有価証券（以下，「その他有価証券」という。）は，**時価をもっ**
│　**て貸借対照表価額とし，評価差額は洗い替え方式に基づき，**次のいずれ
│　かの方法により処理する。
│　（1）評価差額の合計額を純資産の部に計上する。（**全部純資産直入法**）
│　（2）時価が取得原価を上回る銘柄に係る評価差額は純資産の部に計上し，
│　　　時価が取得原価を下回る銘柄に係る評価差額は当期の損失として処理
│　　　する。（**部分純資産直入法**）
│　　なお，純資産の部に計上されるその他有価証券の評価差額については，税
│　効果会計を適用しなければならない。　　（「金融商品に関する会計基準」18）
│
└──

(注) 洗い替え方式とは翌期首に振戻し仕訳を行ない取得原価に戻す方式をいう。

┌┄┄┄
┆　［設例］
┆　　1年度期首にその他有価証券100円を現金で購入した。税効果会計の適用はな
┆　いものとする。
└┄┄┄

〈ケース1〉1年度末の時価が120円の場合（評価益の場合）

＊1年度期首［取得時］

　　（借）その他有価証券　　100　　（貸）現　　　　　　　金　100

＊1年度期末［決算時］

①全部純資産直入法

　　（借）その他有価証券　　20　　（貸）その他有価証券評価差額金　20
　　　　　　　　　　　　　　　　　　　　　　　純資産の部

②部分純資産直入法

　　　　　　　　　　　　　同　　　　　上

　∴貸借対照表価額：120円（時価）

　　評価差額：　　　20円（純資産の部）

＊2年度期首［振戻し］⇒洗い替え方式

①全部純資産直入法

　　（借）その他有価証券評価差額金　20　　（貸）そ の 他 有 価 証 券　20

②部分純資産直入法

　　　　　　　　　　　　　同　　　　　上

〈ケース2〉1年度末の時価が70円の場合（評価損の場合）

＊1年度期首［取得時］

　　（借）そ の 他 有 価 証 券　100　　（貸）現　　　　　　　金　100

＊1年度期末［決算時］

①全部純資産直入法

　　（借）その他有価証券評価差額金　30　　（貸）そ の 他 有 価 証 券　30
　　　　　　純資産の部の控除項目

②部分純資産直入法

　　（借）その他有価証券評価損益　30　　（貸）そ の 他 有 価 証 券　30
　　　　　　当期の損益

　∴貸借対照表価額：70円（時価）

　　評価差額：　　　30円　全部純資産直入法（純資産の部）

　　　　　　　　　　30円　部分純資産直入法（当期の損益＝営業外損益項目）

(注)「その他有価証券評価損益」は，損益計算書に表示される。

＊2年度期首［振戻し］⇒洗い替え方式

①全部純資産直入法

　　（借）そ の 他 有 価 証 券　30　　（貸）その他有価証券評価差額金　30

②部分純資産直入法

　（借）その他有価証券　　30　　　（貸）その他有価証券評価損益　30

※部分純資産直入法は評価益の場合は全部純資産直入法と同じだが評価損の場合だけ当期の損益として処理する方法である。

⑤　時価を把握することが極めて困難と認められる有価証券

┌─【時価を把握することが極めて困難と認められる有価証券】─────────

時価を把握することが極めて困難と認められる有価証券の貸借対照表価額は，それぞれ次の方法による。

（1）社債その他の債券の貸借対照表価額は，債権の貸借対照表価額に準ずる。

（2）社債その他の債券以外の有価証券は，取得原価をもって貸借対照表価額とする。

（「金融商品に関する会計基準」19）

⑥　時価が著しく下落した場合（減損処理）

┌─【時価が著しく下落した場合（減損処理）】─────────

満期保有目的の債券，子会社株式及び関連会社株式並びにその他有価証券のうち，時価を把握することが極めて困難と認められる金融商品以外のものについて時価が著しく下落したときは，回復する見込みがあると認められる場合を除き，時価をもって貸借対照表価額とし，評価差額は当期の損失として処理しなければならない（強制評価減）。

時価を把握することが極めて困難と認められる株式については，発行会社の財政状況の悪化により実質価額が著しく低下したときは，相当の減額をなし，評価差額は当期の損失として処理しなければならない。（実価法）

なお，これらの場合には，当該時価及び実質価額を翌期首の取得原価とする。　　　　　　　　　　（「金融商品に関する会計基準」20 ～ 22・一部修正）

（注）「時価（実質価額）が著しく下落」……おおむね簿価の 50％未満になったとき
　　「回復する見込があると認められる場合を除き」……回復する見込がないか不明の場合

⑦ まとめ

〈有価証券の評価〉

有価証券の種類	貸借対照表価額	評価差額
売買目的有価証券	時価	当期の損益
満期保有目的債券	取得原価または償却原価	―
子会社・関連会社株式	取得原価	―
その他有価証券	時価	純資産直入 または当期の損失

・時価を把握することが極めて困難と認められる有価証券

　　　社債その他の債券…債権に準ずる

　　　社債その他の債券以外…取得原価

・「取得価額≠債権（債券）金額」かつ「金利調整差額」⇒償却原価法

・時価（実質価額）の著しい下落　⇒　強制評価減または実価法の適用

（4）有価証券の表示区分

┌─【有価証券の表示区分】─────────────────

　売買目的有価証券及び一年内に満期の到来する社債その他の債券は流動資産に属するものとし，それ以外の有価証券は投資その他の資産に属するものとする。　　　　　　　　　（「金融商品に関する会計基準」23）

［有価証券の表示区分］

保有目的による分類	財務諸表の表示科目	貸借対照表の表示区分
売買目的有価証券	有価証券	流動資産
満期保有目的債券	投資有価証券 (注)	固定資産 （投資その他の資産）
子 会 社 株 式	関係会社株式	固定資産 （投資その他の資産）
関 連 会 社 株 式	関係会社株式	固定資産 （投資その他の資産）
そ の 他 有 価 証 券	投資有価証券 (注)	固定資産 （投資その他の資産）

(注) 1年以内に満期の到来するものは「有価証券」として流動資産の区分に表示する。

＊特殊な有価証券の表示区分

親会社株式…当社の親会社が発行している株式（親会社株式）を取得した場合
　　　　　　には，一般的には，貸借対照表の「**流動資産**」の区分に記載す
　　　　　　る。ただし，特殊な場合には貸借対照表の「**投資その他の資産**」
　　　　　　の区分に記載することもある。

自己株式……自社の発行した株式（自己株式。金庫株ともいう。）を取得した
　　　　　　場合には，取得原価をもって貸借対照表の「**純資産の部の控除項**
　　　　　　目」として記載する。

4. デリバティブ取引

（1）意義

　デリバティブ取引とは，金融派生商品のことである。株式，債券，金利，通
貨，商品などの原資産を対象に，先物取引，オプション取引，スワップ取引な
どがある。

（2）評価

┌─**【デリバティブ取引の債権・債務の評価】**──────────────────
│
│　デリバティブ取引により生じる正味の債権及び債務は，**時価**をもって
│貸借対照表価額とし，評価差額は，原則として，**当期の損益**として処理
│する。　　　　　　　　　　　　　　　　（「金融商品に関する会計基準」25）
└──

Exercise

問題①　金銭債権に関する次の記述のうち，妥当なものはどれか。

1 債権の取得価額と債権金額が異なる場合の債権の貸借対照表価額は，債権金額から貸倒引当金を控除した額とする。

2 一般債権に対する貸倒見積高は，財務内容評価法またはキャッシュ・フロー見積法により算定する。

3 金銭債権のうち，当該企業の営業活動から生じたものは，いかなる場合でも貸借対照表の流動資産の区分に記載される。

4 金銭債権は，貸倒見積高算定の基礎となる債権の区分によれば，一般債権，貸倒懸念債権，営業外債権に区分される。

5 貸倒引当金は，原則としてその債権が属する科目ごとに控除する形式で表示するが，他の方法によることも認められている。

・・・

解説

基本的には「金融商品に関する会計基準」に即した問題である。

1 誤。債権の取得価額と債権金額が異なる場合には，取得価額から貸倒引当金を控除した額である。また，一定の条件が満たされれば，償却原価法を適用することもある。

2 誤。一般債権に対する貸倒見積高は，貸倒実績率法で算定する。

3 誤。営業活動から生じた金銭債権であっても破産債権，更生債権およびこれに準ずる債権は1年基準の適用をうけ，固定資産になることがありうる。

4 誤。貸倒見積高算定の基礎となる債権の区分とは，一般債権，貸倒懸念債権，破産更生債権等である。

5 妥当な記述である。

解答　5

問題②　有価証券に関する次の記述のうち，妥当なものはどれか。

1 有価証券の購入に際して手数料などを支払った場合には，これを損益計算書の営業外費用として処理する。

2 有価証券は，すべて貸借対照表の投資その他の資産の区分に表示される。

3 売買目的有価証券およびその他有価証券は時価で評価し，評価差額は当期の損益として処理する。

4 満期保有目的債券を債券金額より低い価額または高い価額で取得し，その取得差額が金利の調整と認められる場合には，償却原価法に基づいて算定された価額を貸借対照表価額としなければならない。

5 子会社株式および関連会社株式は時価で評価する。

• •

解説

基本的には「金融商品に関する会計基準」に即した問題である。

1 誤。有価証券の購入の際の付随費用は取得原価に含める。参考までにいえば，自己株式取得の場合の付随費用だけは営業外費用になる。

2 誤。有価証券は流動資産または投資その他の資産の区分に記載される。

3 誤。その他有価証券の評価差額は評価益が生じた場合，当期の損益ではなく，貸借対照表の純資産（資本）の部に記載される。

4 妥当な記述である。

5 誤。子会社株式および関連会社株式は取得原価で評価される。

解答 **4**

3 棚卸資産

棚卸資産については論点がたくさんありますが，それぞれ非常に重要ですから十分な学習が必要です。理論，計算ともにマスターしてください。

1．棚卸資産の意義

（1）棚卸資産の意義

棚卸資産とは，販売収益を獲得するために短期的に保有する販売目的資産，および販売管理活動のための短期消費目的資産である。具体的には以下のようになる。

① 通常の営業過程において販売するために保有する財貨または用役
  ・商　品…他の会社から仕入れ，販売するもの
  ・製　品…自社で製造し，販売するもの
② 販売を目的として現に製造中の財貨または用役
  ・半製品…製造中の財貨または用役であって一定の製造工程を終えており，通常はそのまま売却可能なもの
  ・仕掛品…製造中の財貨または用役であって工場の製造工程にあり，未完成のもの
③ 販売目的の財貨または用役を生産するために短期間に消費されるべき財貨
  ・原材料…製品を製造するための材料や素材
④ 販売活動および一般管理活動において短期間に消費されるべき財貨
  ・事務用消耗品

（注）したがって，証券会社が保有する販売目的の有価証券や不動産業者が保有する販売目的の土地・建物などの不動産などは棚卸資産に該当する。

（2）棚卸資産の表示

---【棚卸資産の表示】---

　　取引先との通常の商取引によって生じた……商品・製品・半製品・原材料・仕掛品等のたな卸資産……は流動資産に属するものとする。

（「企業会計原則」貸借対照表原則四（1）A）

---【恒常在庫品及び余剰品】---

　　商品・製品・半製品・原材料・仕掛品等のたな卸資産は，流動資産に属するものとし……たな卸資産のうち恒常在庫品として保有するもの若しくは余剰品として長期間にわたって所有するものも固定資産とせず流動資産に含ませるものとする。　　（「企業会計原則注解」注16　一部抜粋）

棚卸資産は貸借対照表の**流動資産**の区分に表示する。

2. 棚卸資産の取得原価

- ●購入棚卸資産の取得原価＝購入代価（送り状価額－値引・割戻）＋付随費用の一部または全部
- ●製造した棚卸資産の取得原価＝適正な原価計算基準に従った製造原価

3. 棚卸資産の費用配分

（1）棚卸資産の費用配分の意義

　棚卸資産の費用配分とは，棚卸資産の取得原価を当期の収益に対応する当期の費用（売上原価）と，将来の収益に対応する次期以降の費用（期末棚卸資産評価額）とに配分することである。「取得原価＝数量×単価」であるから，棚卸資産の費用配分は数量計算と単価計算からなる。

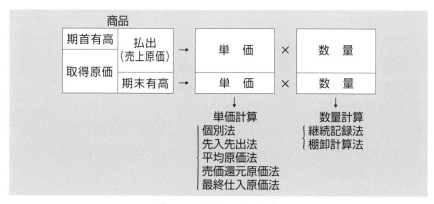

［棚卸資産の費用配分］

（2）数量計算

① 継続記録法

　継続記録法は，商品有高帳その他の組織的記録を設けて棚卸資産の受け払いの都度帳簿に記録し，常に在庫数量を明らかにする方法である。常に払出数量，在庫数量が明らかになり，また期末に実地棚卸を行うことで棚卸減耗を把握できるため，管理目的には優れている。しかし，帳簿記録，計算といった事務処理に手数がかかる。

② 棚卸計算法

　棚卸計算法は，期末に実地棚卸を行い，期末商品実際有高を求める方法である。継続記録法と比較して事務処理は簡便であるが，管理目的では劣っている。

（3）各単価計算方法の意義

┌【棚卸資産の評価方法】

　棚卸資産については，原則として**購入代価**又は**製造原価**に引取費用等の**付随費用**を加算して**取得原価**とし，次の評価方法の中から選択した方法を適用して売上原価等の払出原価と期末棚卸資産の価額を算定するものとする。

（1）個別法

　　取得原価の異なる棚卸資産を区別して記録し，その個々の実際原価によって期末棚卸資産の価額を算定する方法

　　個別法は，個別性が強い棚卸資産の評価に適した方法である。

（2）先入先出法

　　最も古く取得されたものから順次払出しが行われ，期末棚卸資産は最も新しく取得されたものからなるとみなして期末棚卸資産の価額を算定する方法

（3）平均原価法

　　取得した棚卸資産の平均原価を算出し，この平均原価によって期末棚卸資産の価額を算定する方法

　　なお，平均原価は，総平均法又は移動平均法によって算出する。

（4）売価還元法

　　値入率等の類似性に基づく棚卸資産のグループごとの期末の売価合計額に，原価率を乗じて求めた金額を期末棚卸資産の価額とする方法。売価還元法は，取扱品種の極めて多い小売業等の業種における棚卸資産の評価に適用される。

（「棚卸資産の評価に関する会計基準」6－2）

　なお，従来，「企業会計原則注解」注21では上記方法の他に「後入先出法」が認められていた。後入先出法とは，「最も新しく取得されたものから払出しが行われ，期末たな卸品は最も古く取得されたものからなるものとみなして期末たな卸品の価額を算定する方法」である。「後入先出法」は，平成20年9月の「棚卸資産の評価に関する会計基準」の改正により，廃止されることとなった。

　また，「棚卸資産の評価に関する会計基準」や企業会計原則にはあげられていないが法人税法が認める方法として最終仕入原価法がある。これは，決算日に最も近い最終の仕入価額をもって，期末棚卸資産を評価する方法である。

（4）具体的計算例

① 個別法

[数値例]

期首商品　A商品　100

　　　　　B商品　150

当期仕入　C商品　170

　　　　　D商品　180

期末手許商品はB商品とC商品であった。

期末商品棚卸高：320（B商品150＋C商品170）

売　上　原　価：280（A商品100＋D商品180）

② 先入先出法／後入先出法／平均原価法

[数値例]

日付	摘要	個数	単価（円）
4月1日	期首商品	1個	@100
6月10日	仕入①	1個	@110
8月15日	売上	1個	売上原価は？
10月25日	仕入②	1個	@150
3月31日	期末商品	2個	期末商品は？

1）先入先出法…先に入ったものが先に出ていくと仮定する

期末商品棚卸高：260（110＋150）

売　上　原　価：100

2）後入先出法…後に入ったものが先に出ていくと仮定する

・期末一括法…期末からみて最も後から仕入れたものを販売と仮定

期末商品棚卸高：210（100＋110）

売　上　原　価：150

・その都度法…販売時からみて最も後から仕入れたものを販売と仮定

期末商品棚卸高：250（100 ＋ 150）

　　売　上　原　価：110

3）平均原価法…平均単価を算出する方法

・総平均法…期末に平均単価を算定

　　平　均　単　価：（100 ＋ 110 ＋ 150）÷ 3 個 ＝ @ 120

　　期末商品棚卸高：240（@ 120 × 2 個）

　　売　上　原　価：120

・移動平均法…仕入の都度平均単価を算定

　　平　均　単　価：（100 ＋ 110）÷ 2 個 ＝ @ 105

　　期末商品棚卸高：255（105 ＋ 150）

　　売　上　原　価：105

③　売価還元原価法

[数値例]

　　期首商品　100

　　当期仕入　400

　　期末手許商品は150（売価）であり，原価率は60％であった。

　　期末商品棚卸高：90（150 × 60％）

　　売　上　原　価：410（100 ＋ 400 － 90）

④　**最終仕入原価法**

[数値例]

日付	摘要	個数	単価（円）
4月1日	期首商品	1個	@ 10
6月10日	仕入①	1個	@ 10
7月10日	仕入②	1個	@ 10
8月15日	売上	2個	売上原価は？
10月25日	仕入③	1個	@ 12
3月31日	期末商品	2個	期末商品は？

期末商品棚卸高：24（最終仕入原価@ 12 × 2個）
売　上　原　価：18（10 ＋ 10 ＋ 10 ＋ 12 － 24）

（5）各単価計算方法の特徴

①　**個別法**

　この計算方法によると物の流れが単価計算と完全に一致するが，多種多様の棚卸資産を保有する場合には事務手続が煩雑になり，また恣意性も介入しやすい。したがって個々が均一ではない棚卸資産，たとえば貴金属や中古車などに適用される。

②　**先入先出法**

　この計算方法によると一般的な物の流れに即した単価計算が行われ，期末棚卸資産は時価に近い価額で評価されるが，損益計算上は古い単価が新しい収益に対応するため物価変動による**保有損益が計上**されることになる。

③　**後入先出法**

　この計算方法は一般的な物の流れに反した単価計算であるが，期末商品数量が期首商品数量を下回るといういわゆる食い込みが生じない限りは費用と収益

の同一価格水準的対応（新しい単価と新しい収益の対応）を図ることで物価変動による**保有損益**を排除するのに役立つ。ただし棚卸資産は古い単価で評価されるので貸借対照表価額が時価と乖離する。

④ 平均原価法

　この計算方法によると払出単価が中和化されるため比較的安定的な損益を計算できるが，総平均法は期間中は単価が算定できない，移動平均法は払出の都度単価を計算するので煩雑である，といった事務手続上の欠点がある。

⑤ 売価還元原価法

　取扱品種のきわめて多い小売業および卸売業においては各品目ごとに単価と数量を把握するのは困難であるため，異なる品目を値入率，回転率の類似性に従って適当なグループにまとめ，原価率を算定して期末商品原価を推定する方法である。各品目ごとの単価を把握する必要はないが，原価率の決定やグループ分けにおいて恣意性が介入するおそれがある。

⑥ 最終仕入原価法

　事務処理上非常に簡便であることから実務の便宜を考慮して税法で認められる方法である。期末棚卸資産数量が最終仕入数量以下の場合には先入先出法と同じ結果となる。

4．棚卸資産の評価および評価損

　平成18年7月「棚卸資産の評価に関する会計基準」が公表され，棚卸資産の評価について**低価基準が原則**となるなど大きな変更が行われた。

（1）　棚卸資産の意義，トレーディングの意義

┌─【棚卸資産の意義，トレーディングの意義】──────────────

　棚卸資産は，商品，製品，半製品，原材料，仕掛品等の資産であり，企業がその営業目的を達成するために所有し，かつ，売却を予定する資

産のほか，売却を予定しない資産であっても，販売活動及び一般管理活動において短期間に消費される事務用消耗品等も含まれる。

　なお，売却には，通常の販売のほか，活発な市場が存在することを前提として，棚卸資産の保有者が単に市場価格の変動により利益を得ることを目的とするトレーディングを含む。

（「棚卸資産の評価に関する会計基準」3・一部）

（2）　棚卸資産の評価

①　通常の販売目的で保有する棚卸資産…低価法

──【通常の販売目的で保有する棚卸資産の評価】────────

　通常の販売目的（販売するための製造目的を含む。）で保有する棚卸資産は，**取得原価**をもって貸借対照表価額とし，期末における**正味売却価額**が取得原価よりも**下落している場合**には，**当該正味売却価額**をもって貸借対照表価額とする。

　この場合において，取得原価と当該正味売却価額との差額は当期の費用として処理する。　　　　　（「棚卸資産の評価に関する会計基準」7）

（注）正味売却価額（「棚卸資産の評価に関する会計基準」5）
　　＝売価－見積追加製造原価および見積販売直接経費（アフターコスト）
　　なお，特に指示がない場合，正味売却価額は「時価」とほぼ同義と考えてよい。また，売却市場において市場価格が観察できない場合には，合理的に算定された価額を売価とする（「棚卸資産の評価に関する会計基準」8）。

②　トレーディング目的で保有する棚卸資産…時価法

──【トレーディング目的で保有する棚卸資産の評価】────────

　トレーディング目的で保有する棚卸資産は，**市場価格に基づく**価額をもって貸借対照表価額とし，帳簿価額との差額（評価差額）は**当期の損益**として処理する。　　　　（「棚卸資産の評価に関する会計基準」15）

（3） 棚卸資産の評価損の表示について

┌─【通常の販売目的で保有する棚卸資産に係る損益の表示】───────

　　通常の販売目的で保有する棚卸資産について，収益性の低下による簿価切下額（前期に計上した簿価切下額を戻し入れる場合には，当該戻入額相殺後の額）は売上原価とするが，棚卸資産の製造に関連し不可避的に発生すると認められるときは製造原価として処理する。また，収益性の低下に基づく簿価切下額が，臨時の事象に起因し，かつ，多額であるときには，特別損失に計上する。臨時の事象とは，例えば次のような事象をいう。なお，この場合には，洗替え法を適用していても，当該簿価切下げ額の戻し入れを行ってはならない。

（1） 重要な事業部門の廃止

（2） 災害損失の発生　　　　　　　（「棚卸資産の評価に関する会計基準」17）

┌─【トレーディング目的で保有する棚卸資産に係る損益の表示】───────

　　トレーディング目的で保有する棚卸資産に係る損益は，原則として，純額で売上高に表示する。　　（「棚卸資産の評価に関する会計基準」19）

・通常の販売目的で保有する棚卸資産に係る商品低価評価損の表示

　　原則…売上原価又は製造原価

　　例外（事業の廃止や災害の発生で多額の評価損が発生した場合）

　　　　…特別損失

・トレーディング目的で保有する棚卸資産に係る評価損益の表示

　　原則…純額で売上高に表示

[参考]　企業会計原則の規定

　従来，企業会計原則では，棚卸資産の評価については原価法を原則とし，容認として低価法が認められていた。以下に参考として企業会計原則の規定を記載しておくこととする。

① 棚卸資産の評価

┌─【たな卸資産の評価】─────────────────────────

　商品，製品，半製品，原材料，仕掛品等のたな卸資産については，原則として購入代価又は製造原価に引取費用等の付随費用を加算し，これに個別法，先入先出法，後入先出法，平均原価法等の方法を適用して算定した取得原価をもって貸借対照表価額とする（原価法）。ただし，時価が取得原価より著しく下落したときは，回復する見込があると認められる場合を除き，時価をもって貸借対照表価額としなければならない（強制評価減）。

　たな卸資産の貸借対照表価額は，時価が取得原価よりも下落した場合には時価による方法を適用して算定することができる（低価法）。

（「企業会計原則」貸借対照表原則五A）

1）原　　　則：取得原価
2）強　　　制：強制評価減
3）容認（例外）：低価法

② 棚卸資産の評価損の表示について

┌─【たな卸資産の評価損の表示について】──────────────────

（1）商品，製品，原材料等のたな卸資産に低価基準を適用する場合に生ずる評価損は，原則として，売上原価の内訳科目又は営業外費用として表示しなければならない。

（2）時価が取得原価より著しく下落した場合の評価損は，原則として，営業外費用又は特別損失として表示しなければならない。

（3）品質低下，陳腐化等の原因によって生ずる評価損については，それが原価性を有しないものと認められる場合には，これを営業外費用又は特別損失として表示し，これらの評価損が原価性を有するものと認められる場合には，製造原価，売上原価の内訳科目又は販売費として表示しなければならない。

（「企業会計原則注解」注10）

Exercise

問題①　棚卸資産に関する次の記述のうち，妥当なものはどれか。

1 棚卸資産の払出単価の計算方法である移動平均原価法は，期中において，払出単価が計算できないといった不便さがある。

2 最終仕入原価法は，最も後から仕入れた商品の単価で期末棚卸高を計算することから，最も新しい原価を収益に対応させる計算方法であるといえる。

3 棚卸資産の払出単価の計算方法である総平均原価法は，払出単価の変動を平均化する方法であるので，期中における払出計算を最も迅速に行うことができる。

4 棚卸資産の払出単価の計算方法である先入先出法により払出単価を計算すると，損益計算上，取得日が最も古い商品原価が収益に対応されることとなるため，インフレ時には名目利益が計上される。

5 棚卸資産の数量計算として，継続記録法で行う場合，棚卸計算法に比べて計算が簡便で手数がかからないが，減耗が把握できないという欠点がある。

・・・

解説

棚卸資産の単価計算と数量計算に関する問題である。

1 誤。棚卸資産の払出単価の計算方法である移動平均原価法は，期中において，商品を購入するつど払出単価の計算がされる。

2 誤。最終仕入原価法は，最終仕入商品の単価により期末棚卸高とすることから，古い原価を収益に対応させる計算方法である。

3 誤。総平均原価法は，期末になって払出単価を計算するため，迅速な方法ではない。

4 妥当な記述である。
先入先出法は，損益計算上，取得日が最も古い商品原価が収益に対応されることとなるため，インフレ時には名目利益が計上される。

5 誤。

〈棚卸資産の数量計算〉

	継続記録法	棚卸計算法
長　　所	管理に役立つ	計算手続が簡便
短　　所	帳簿作成が必要 手数がかかる	減耗の把握ができない 管理目的には不十分

解答　4

問題②　次の入出庫表に基づいて，先入先出法による期末棚卸高を計算した場合，正しい数値を示しているものはどれか。

〈入出庫表〉（単価計算で円未満は四捨五入とする）

	数　　量	単　　価
期首棚卸高	400 個	300 円
1　仕　　入	300	300
2　売　　上	200	800（売価）
3　仕　　入	200	350
4　売　　上	500	750（売価）
5　仕　　入	300	400

1 170,000 円
2 180,000 円
3 183,000 円
4 190,000 円
5 165,500 円

解説

先入先出法　　300 個× 400 円+ 200 個× 350 円= 190,000 円

解答　4

4 有形固定資産

有形固定資産では，取得原価の決定と減価償却が重要です。減価償却は理論，計算ともにマスターしてください。

1．固定資産の種類

固定資産は，有形固定資産，無形固定資産，投資その他の資産に細分される。

```
         ┌ 有形固定資産
         │    建物，車両運搬具，工具器具備品，土地，建設仮勘定など
固定資産 ─┼ 無形固定資産
         │    特許権，商標権，鉱業権，のれん，ソフトウェアなど
         └ 投資その他の資産
              投資有価証券，長期貸付金，長期前払費用など
```

2．有形固定資産の概要

有形固定資産とは，企業が経営活動に使用することを目的とし，長期間保有する資産のうち，**具体的形態をもつもの**をいい，費用性資産の一例である。

また，これらの有形固定資産は，減価償却を行うか否かによって，**償却資産**と**非償却資産**の2つに大別できる。

```
┌ 償却資産…建物，構築物，機械装置，船舶，車両運搬具，工具器具備品など
└ 非償却資産…土地，建設仮勘定
```

━━━━━【なぜ，土地や建設仮勘定は減価償却（費用化）しないのか？】━━━━━

　土地は，半永久的に価値が減らないため，費用化を要しない。また建設仮勘定は，建設工事に関する支出を記録した一種の未決算勘定であり，現段階では企業の経営活動に未投下のため収益の獲得に何ら貢献していない。このため，費用を認識する必要がないのである。

3．有形固定資産の取得原価の決定

（1）購入により有形固定資産を取得した場合

　購入代金に買入手数料，運送費，荷役費，据付費，試運転費などの付随費用を加えて取得原価とする。なお，付随費用に重要性が乏しい場合には，取得原価に算入しないこともできる。

（2）自家建設により有形固定資産を取得した場合

　適正な原価計算基準に従って製造原価を計算し，これに基づいて取得原価とする。なお，当該建設に要する借入金の利子であって，稼動前の期間に属するものは，取得原価に算入することができる。

（3）株式を発行し，その対価として金銭の代わりに固定資産を受け入れた場合（現物出資）（連続意見書を前提）

　出資者に対して交付された株式の発行価額をもって取得原価とする。

（注）会社法では資本金の算定について，発行価額主義ではなく，払込金額主義を採用している。なお，現行制度では，現物出資により有形固定資産を取得した場合には，一般的に，公正に評価した額（時価）をもって取得原価とすると考えられる。

（4）交換（等価交換を前提とする）

①　自己所有の固定資産と交換に固定資産を取得した場合

　交換に供された自己資産の適正な簿価をもって取得原価とする。

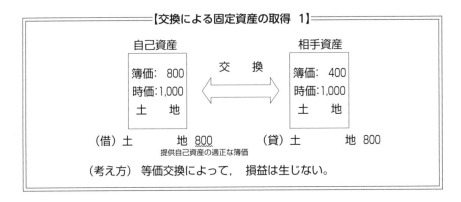

②　自己所有の有価証券（株式や社債など）と交換に固定資産を取得した場合

　交換に供された有価証券の時価または適正な簿価（時価がない場合）をもって取得原価とする。

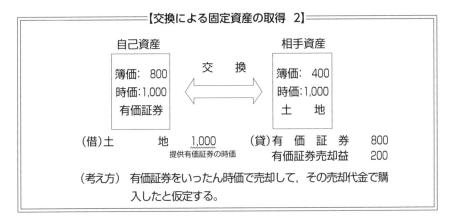

（5）贈与により有形固定資産を取得した場合

　時価などを基準として公正に評価した額をもって取得原価とする。

〈贈与資産の評価について〉

　企業外部の第三者から贈与を受けて資産を取得した場合，いかなる取得原価を付すかが問題となる。これについては，次の2つの見解がある。

①　ゼロ評価すべきであるという見解

　資産の取得原価は，その資産の取得に要した支出額によって決定されるのであり，贈与によって資産を取得した場合は支出額はゼロであるから取得原価はゼロとすべきである。

②　公正な評価額を付すべきであるという見解（企業会計原則の立場）

　贈与資産をゼロ評価すると簿外資産が生じてしまい，企業の財政状態を適正に表示できない。また，償却資産である場合には資産を利用しているにもかかわらず減価償却費が発生しないため経営成績を適正に表示できない。したがって，財務諸表を利用する利害関係者が誤った判断をしてしまう危険がある。そこで贈与資産の取得原価は例外的に時価評価するのである。

資産会計

> **［参考］　資産除去債務**
>
> ①　公表の経緯
>
> 　平成20年3月に企業会計基準委員会より「資産除去債務に関する会計基準」が公表された。なお，適用は平成22年4月1日以降である（早期適用化）。
>
> 　わが国においては，従来有形固定資産を除却する際の支出額についての会計処理は行われていなかった。しかし，国際的な会計基準などとのコンバージェンスの観点から，「資産除去債務」に関する規定が定められた。
>
> ②　資産除去債務の意義（「資産除去債務に関する会計基準」3）
>
> 「資産除去債務」とは，有形固定資産の取得，建設，開発又は通常の使用によって生じ，当該有形固定資産の除去に関して法令又は契約で要求される法律上の義務及びそれに準ずるものをいう。
>
> 　この場合の法律上の義務及びそれに準ずるものには，有形固定資産を除去する義務のほか，有形固定資産の除去そのものは義務でなくとも，有形固定資産を除去する際に当該有形固定資産に使用されている有害物質等を法律等の要求による特別の方法で除去するという義務も含まれる。
>
> 　なお，有形固定資産の「除去」とは，具体的には売却，廃棄，リサイクルその他の方法による処分のことをいうが，一時的に除外する場合や，転用や用途変更，遊休状態となることは含まれない。
>
> ③　資産除去債務の計上（「資産除去債務に関する会計基準」4，6）
>
> 　資産除去債務は，有形固定資産の取得，建設，開発又は通常の使用によって発

生した時に負債として計上する。

資産除去債務は，有形固定資産の除去に要する将来キャッシュフローの割引現在価値で算定する。

④ 資産除去債務の表示（「資産除去債務に関する会計基準」12）

資産除去債務は，一年基準を適用し，通常，固定負債の区分に資産除去債務等の適切な科目名で表示する。貸借対照表日後一年以内にその履行が見込まれる場合には，流動負債の区分に表示する。

⑤ 除去費用の会計処理（「資産除去債務に関する会計基準」8）

資産除去債務に対応する除去費用は，資産除去債務を負債として計上した時に，当該負債の計上額と同額を，関連する有形固定資産の帳簿価額に加える。資産計上された資産除去債務に対応する除去費用は，減価償却を通じて，当該有形固定資産の残存耐用年数にわたり，各期に費用配分する。

（例）建物1,000円を現金で購入した。当社が当該建物を除去するときの支出は150円と見積もられ，その割引現在価値は100円である。

（借）建 物 1,100 　　　（貸）現 金 1,000
　　　　　　　　　　　　　　　　　　　資産除去債務 100

資産除去債務は有形固定資産の帳簿価額に加算する。

4．資本的支出と収益的支出（改良と修繕）

有形固定資産に係る支出（取得後の支出）はその性格により資本的支出と収益的支出に分類できる。

① 資本的支出（改良）

ある支出により，有形固定資産の耐用年数が延長した場合，あるいは有形固定資産の価値が増加した場合（改良に該当する場合）にはこれを資本的支出とし，有形固定資産の取得原価に算入し，以後の期間に減価償却費として費用配分する。

②　収益的支出（修繕）

単に現状を維持するための支出（修繕に該当する場合）は収益的支出とし，支出した期の費用（修繕費）として処理する。

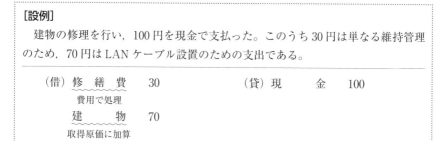

[設例]

建物の修理を行い，100円を現金で支払った。このうち30円は単なる維持管理のため，70円はLANケーブル設置のための支出である。

（借）修　繕　費	30	（貸）現　　　金	100
費用で処理			
建　　　物	70		
取得原価に加算			

5．減価償却の意義

減価償却とは，適正な期間損益計算を行うために，費用配分の原則に基づいて有形固定資産の取得原価をその耐用期間における各会計期間に費用として配分する手続である。

適正な期間損益計算を行うためには，減価償却は所定の減価償却に従って**計画的・規則的**に行われなければならない。この考え方を**正規の減価償却**という。

棚卸資産であれば先入先出法・平均法等によって取得原価が当期の費用と期末資産評価額に費用配分される。同じように有形固定資産についても，取得原価を当期の費用（減価償却費）と次期以降の費用である期末資産評価額（貸借対照表価額）に費用配分することが減価償却である。

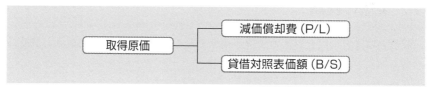

[減価償却の意義]

棚卸資産と有形固定資産の費用配分との違い

	棚卸資産	有形固定資産
共　　通　　点	費用性資産⇒原価主義＋費用配分の原則により評価	
資　産　の　性　質	個々の財貨（商品など）が販売・消費される	全体としての用役が営業活動（収益獲得）に役立つ
経済的価値の減少を具体的に把握できるか	消費数量として具体的に把握可能	具体的に把握することが困難
費用配分の方法	数量×単価	恣意性を排除するため，計画的・規則的に計算（正規の減価償却）

6．減価償却の効果

① 固定資産の流動化

　固定資産の流動化とは，固定資産に投下された資金が，貨幣性資産により回収されたり，棚卸資産のような流動資産に転化することである。

② 自己金融効果

　自己金融効果とは，減価償却費は支出を伴わない費用であるため，減価償却費計上額だけ，資金が企業に内部留保されることである。

7．減価の種類

　減価とは，有形固定資産の価値が減少することをいい，物質的減価と機能的減価とがある。

① 物質的減価

　物質的減価とは，利用ないし時の経過により固定資産が物質的に磨滅損耗することである。

②　機能的減価

　機能的減価とは，物質的にはいまだ使用に耐えるが，外的事情により固定資産が陳腐化し，あるいは不適応化することである。

8．減価償却の方法

（1）減価償却方法の種類

【減価償却の方法について】

① **定額法**…固定資産の耐用期間中，毎期均等額の減価償却費を計上する方法

② **定率法**…固定資産の耐用期間中，毎期期首未償却残高に一定率を乗じた減価償却費を計上する方法

③ **級数法**…固定資産の耐用期間中，毎期一定の額を算術級数的に逓減した減価償却費を計上する方法

④ **生産高比例法**…固定資産の耐用期間中，毎期当該資産による生産又は用役の提供の度合に比例した減価償却費を計上する方法

（「企業会計原則注解」注20　一部）

（2）減価償却費の具体的計算

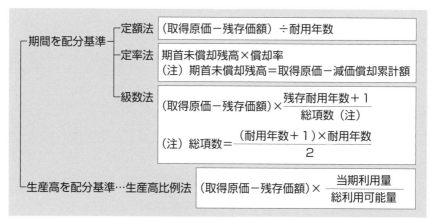

[減価償却の計算方法]

[設例]

次の有形固定資産について，各年度の減価償却費を計算してみる。

・1年度期首に建物を購入
・取得原価　　1,000
・残存価額　　取得原価の10%
・耐用年数　　3年

① **定額法**

減価償却費 = （取得原価 - 残存価額）÷耐用年数

式に当てはめると，1年度から3年度までの各期の減価償却費は

（1,000 × 0.9）÷ 3 = 300

② **定率法**

減価償却費 = $\underbrace{（取得原価 - 期首減価償却累計額）}_{期首簿価（期末償却残高）}$ × 償却率

償却率 = $1 - \sqrt[N]{\dfrac{残存価額}{取得原価}}$ （Nは耐用年数）

式に当てはめると，償却率 = 0.536

1年度末減価償却費 = 1,000 × 0.536 = 536

2年度末減価償却費 = （1,000 - 536）× 0.536 ≒ 249

3年度末減価償却費 = （1,000 - 536 - 249）× 0.536 ≒ 115

取得原価 1,000	減価償却 536	
	簿　価 464	減価償却 249
		簿　価 215
		減価償却 115
		簿　価 100

1年度末　　　2年度末　　　3年度末

③　級数法

$$減価償却費 = （取得原価 － 残存価額） \times \frac{期首残存耐用年数}{総項数}^{（注）}$$

（注）$総項数 = \dfrac{（耐用年数 + 1）\times 耐用年数}{2}$

$総項数 =（3 + 1）\times 3 \div 2 = 6$　　または，$1 + 2 + 3 = 6$

$1年度末減価償却費 = 1,000 \times 0.9 \times \dfrac{3}{6} = 450$

$2年度末減価償却費 = 1,000 \times 0.9 \times \dfrac{2}{6} = 300$

$3年度末減価償却費 = 1,000 \times 0.9 \times \dfrac{1}{6} = 150$

取得原価 1,000	減価償却 450	
	簿　価 550	減価償却 300
		簿　価 250
		減価償却 150
		簿　価 100

1年度末　　　2年度末　　　3年度末

④ 生産高比例法

生産高比例法では，次の設例で説明する。

[設例]
・1年度期首に車両を購入
・取得原価　　　　　　　1,000
・残存価額　　取得原価の10%
・総走行可能距離　　　　10万km
・各期の走行距離　1年度：6万km
　　　　　　　　　2年度：3万km
　　　　　　　　　3年度：1万km

$$減価償却費 = （取得原価 - 残存価額）× \frac{当期利用量}{総利用可能量}$$

式に当てはめると，

$$1年度末減価償却費 = 1,000 × 0.9 × \frac{6万km}{10万km} = 540$$

$$2年度末減価償却費 = 1,000 × 0.9 × \frac{3万km}{10万km} = 270$$

$$3年度末減価償却費 = 1,000 × 0.9 × \frac{1万km}{10万km} = 90$$

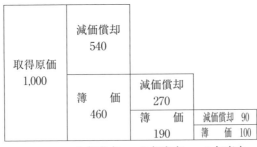

[参考]　減価償却制度の改正

　平成 19 年 3 月 30 日に法人税法施行令などの改正により減価償却制度に関する改正が行われた。この改正に伴い，**平成 19 年 4 月 1 日以後に取得**した減価償却資産の減価償却費の計算方法などが変更になった。

　主な改正点は，①残存価額 10 ％の廃止（耐用年数経過時に備忘価額 1 円まで償却することが可能なった），②定率法の計算方法の変更である。

　したがって，平成 19 年 4 月 1 日以後に取得した減価償却資産の計算方法は以下のようになる。

（1）「**新たな定額法**」

$$定額法の償却率 = \frac{1}{耐用年数}$$

　　減価償却費 = 取得原価 × 定額法償却率

（2）「**新たな定率法**」（200 ％償却法などともいう）

　新たな定率法では，**定額法**による償却率を 2 倍した率を定率法の償却率として使用する。

$$定率法の償却率 = 定額法償却率 \left(= \frac{1}{耐用年数} \right) \times 2^{(注)}$$

　　減価償却費 = 期首簿価（期末未償却残高）× 定率法の償却率

（注）平成 19 年 4 月 1 日から平成 24 年 3 月 31 日までに取得した固定資産は 2.5 倍である。
　　　なお，「新たな定率法」では，上記の計算により求めた減価償却費が残存年数による均等償却額を下回る事業年度からは，残存年数による均等償却に切り替え，耐用年数経過時に残存簿価（備忘価額）が 1 円になるまで均等償却する（詳細は出題可能性が低いため省略）。

（3）各計算方法の特徴

①　定額法

・計算が簡便である。

・毎期均等額の償却だから，期間比較性が確保できる。

②　定率法

・初年度ほど，多くの減価償却費が計上され，年々逓減する。

・最初のうちは定額法よりも多くの減価償却費が計上される。したがって，

定額法に比べて**保守的な会計処理**である。

・技術革新の激しい時代には，投下資本を比較的早期に回収し，再投資に備えるという健全会計の趣旨に合致する。

・機械装置などについては，年々修繕費が増加する傾向にあるので，修繕費と減価償却費を加えた有形固定資産関連費用はほぼ均等化できる。

③ 級数法

・級数法については定率法とほぼ同様の特徴がある。

④ 生産高比例法

・適用される資産が限定されるという点で，特殊な償却方法である。すなわち，生産高比例法は，固定資産の総利用可能量が物理的に確定でき，かつ，減価が主として固定資産の利用に比例して発生するもの，たとえば，鉱業用設備，航空機，自動車等について適用することが認められる。

・耐用年数の概念がない。

・収益（成果）と費用（犠牲）の対応が合理的にはかれる。

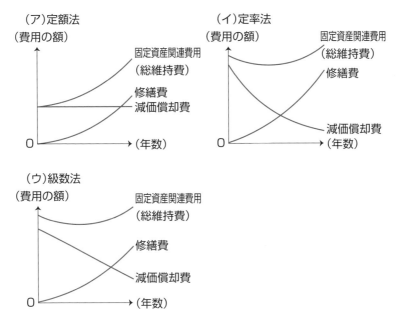

(注) 定額法の減価償却費は毎期一定であるが,定率法の場合には最初に減価償却費が多く,後に徐々に減少する。ただし,定率法に比べ級数法のほうが最初のうちは線の傾きが緩やかであり,減価償却費は算術級数的に逓減していく。

[各減価償却方法の比較]

(4) 減価償却の記帳方法

減価償却の記帳方法には,直接法と間接法とがある。

　　直接法：減価償却費を固定資産勘定（**例** 建物勘定など）の貸方に記入し,
　　　　　　直接減額する。

　（借）減価償却費　××　　　　　　　（貸）固　定　資　産　××

　　間接法：減価償却費を減価償却累計額勘定を用いて処理し,固定資産勘定
　　　　　　は取得原価のまま残しておく。

　（借）減価償却費　××　　　　　　　（貸）減価償却累計額　××

（5）減価償却累計額の表示

　減価償却累計額の表示は，基本的に貸倒引当金の表示と同じである。

【減価償却累計額の表示】

　減価償却累計額は，その有形固定資産が属する科目ごとに控除する形式で表示する（**原則：科目別間接控除方式**）ことを原則とするが，二以上の科目について，減価償却累計額を一括して記載する方法（**例外：一括間接控除方式**）や，有形固定資産について減価償却累計額を控除した残額のみを記載し，当該減価償却累計額を注記する方法（**例外：直接控除科目別注記方式および直接控除一括注記方式**）によることも妨げない。

（「企業会計原則注解」注17　一部抜粋・変更）

<table>
<tr><td colspan="2">

原則：科目別間接控除方式

貸借対照表

資産の部		
建　　　物	10,000	
減価償却累計額	△ 200	9,800
備　　　品	5,000	
減価償却累計額	△ 100	4,900

</td><td>

例外：一括間接控除方式

貸借対照表

資産の部		
建　　　物	10,000	
備　　　品	5,000	
減価償却累計額	△ 300	14,700

</td></tr>
<tr><td>

例外：直接控除科目別注記方式

貸借対照表

資産の部	
建　　　物 (注)	9,800
備　　　品 (注)	4,900

（注）減価償却累計額がそれぞれ控除されている。

建　　　物	200 円
備　　　品	100 円

</td><td>

例外：直接控除一括注記方式

貸借対照表

資産の部	
建　　　物 (注)	9,800
備　　　品 (注)	4,900

（注）減価償却累計額が 300 円控除されている。

</td></tr>
</table>

［減価償却累計額の表示］

9．グルーピング

減価償却は個々の資産について行うか，あるいは2つ以上の資産の合計について行うかによって，個別償却法および総合償却法に区別される。

個別償却法……企業の所有する個々の資産について，個別に減価償却費を計算する方法である。

総合償却法……耐用年数の異なる資産を一括して償却単位として計算する方法である。総合償却では一般的に平均耐用年数を計算して減価償却を行う。

[参考]　平均耐用年数の算出

機械A，B，C，Dの取得原価および耐用年数を次のとおりとして平均耐用年数を計算する。ただし残存価額は1割とし，すべて当期首に取得したとする。

機械	取得原価	要償却額	耐用年数	年償却額
A	132,000	118,800	6 年	19,800
B	330,000	297,000	10 年	29,700
C	600,000	540,000	15 年	36,000
D	240,000	216,000	18 年	12,000
合計	1,302,000	1,171,800		97,500

$$平均耐用年数 = \frac{要償却額合計}{年償却額合計} = \frac{1,171,800 円}{97,500 円} ≒ 12 年$$

当期減価償却費 = 1,302,000 円 × 0.9 ÷ 12 年 = 97,650 円

[参考]　総合償却の特徴

① 資産の更新取得を行うことを前提とするため，平均耐用年数到来時においても未償却残高があるのが通常であるから，平均耐用年数到来後も未償却残高がなくなるまで減価償却を行う。

② 除却時に除却損益は計上されない。

10. 取替法

（1）意義

─【取替法】───────────────

　同種の物品が多数集まって一つの全体を構成し，老朽品の部分的取替を繰り返すことにより全体が維持されるような固定資産については，部分的取替に要する費用を**収益的支出**（その期の費用）として処理する方法（**取替法**）を採用することができる。

（「企業会計原則注解」注20・一部）

　取替法とは，取替資産に対して，減価償却方法の代わりに認められる方法で，部分的取替に要する費用を収益的支出（その期の費用）として処理する方法をいう。

（2）取替資産

　取替資産とは，「同種の物品が多数集まって1つの全体を構成し，老朽品の部分的取替えを繰り返すことにより全体が維持されるような固定資産」をいい，たとえば鉄道のレールや枕木，信号機などがこれに該当する。

（3）処理方法

　取替えに要する支出を費用とし，貸借対照表の資産価額は最初に取得したものがそのまま計上される。

　取替法によって処理を行っていた枕木が一部老朽化したため新品と取替え，その際，代金として現金50を支払った。

（借）取　替　費　　　50　　　　（貸）現　　　　金　　　50

取替法によれば，取替えに要した支出金額50を費用として処理する。

11. 臨時損失

　臨時損失とは，災害・事故などの偶発的事情により，固定資産の**実体が滅失**

した場合に，その減失分だけ簿価を切り下げることをいう。この臨時損失は，損益計算書の**特別損失**として処理する。

［参考］　臨時償却

　臨時償却とは，減価償却の計画にあたって予想できなかった新技術の発明等の外的事情により固定資産が機能的に著しく減価した場合に臨時的に行う減価償却である。臨時償却は，前期損益修正項目の性格をもつことから，従来，損益計算書の特別損失として処理していた。しかし，平成21年に「会計上の変更及び誤謬の訂正に関する会計基準」が設定され，臨時償却は行わないこととなった。

12.　リース取引

（1）意義

┌─**【リース取引の意義】**
│
│　リース取引とは，特定の物件の所有者たる貸手（レッサー）が，当該物件の借手（レッシー）に対し，合意された期間（以下「リース期間」という。）にわたりこれを使用収益する権利を与え，借手は，合意された使用料（以下「リース料」という。）を貸手に支払う取引をいう。
│
│　　　　　　　　　　　　　　　　　（「リース取引に関する会計基準」4）
└

（2）リース取引の分類

　リース取引は，ファイナンス・リース取引とオペレーティング・リース取引とに分類される。

┌─**【リース取引の分類】**
│
│　ファイナンス・リース取引とは，リース契約に基づくリース期間の中途において当該契約を解除することができないリース取引又はこれに準ずるリース取引で，借手が，当該契約に基づき使用する物件（以下「リース物件」という。）からもたらされる経済的利益を実質的に享受することができ，かつ，当該リース物件の使用に伴って生じるコストを実質的に負担することとなるリース取引をいう。

資産会計

101

> オペレーティング・リース取引とは，ファイナンス・リース取引以外
> のリース取引をいう。　　　　　（「リース取引に関する会計基準」5・6）

(注)「リース期間の中途において……解除することができない」取引とは，「ノン・キャンセラブル
　　（解約不能）」とよばれ，リース期間の中途で解約できないか，解約すると多額の違約金が発生する
　　ことを意味する。
(注)「経済的利益を実質的に享受……実質的に負担する」取引とは，「フル・ペイアウト」とよばれ，
　　リース物件を用いて得られる利益は借手のものになると同時に，リース物件の維持管理コストなど
　　も借手が負担することを意味する。

（3）リース取引の会計処理（借手側）

「リース取引に関する会計基準」などによれば，リース取引の借手側の会計処
理は以下のようになる。

〈リース取引の分類と会計処理〉

リース取引		会計処理
ファイナンス・リース取引	所有権移転ファイナンス・リース取引（リース物件の所有権が借手に移転すると認められるリース取引）	売買処理
	所有権移転外ファイナンス・リース取引（リース物件の所有権が借手に移転すると認められるもの以外リース取引）	
オペレーティング・リース取引		賃貸借処理

①　ファイナンス・リース取引

　ファイナンス・リース取引については，原則として**通常の売買取引に係る方
法に準じて会計処理を行う**。すなわち，借手がこのリース物件を購入したもの
と考え，**借手側で有形固定資産を貸借対照表に計上する**。

　この場合の有形固定資産の取得価額については，原則として以下のようにな
る。

　有形固定資産の取得原価＝リース料の総額－利息相当額の合理的な見積額
(注) 例外として利息相当額の合理的な見積額を控除しないこともできる。

② オペレーティング・リース取引

オペレーティング・リース取引については，通常の賃貸借取引に係る方法に準じて会計処理を行わなければならない。すなわち，借手側で有形固定資産は貸借対照表に計上されず，支払リース料のみを損益計算書に計上する（ただし，財務諸表に必要事項を注記する）。

③ 減価償却費の計上

リース取引の会計処理を売買処理に係る方法に準じて行った場合には当該有形固定資産は減価償却を行う。

13. 固定資産の減損会計

平成14年8月9日に企業会計審議会から「固定資産の減損に係る会計基準」が公表された。基本的には平成17年4月1日以後開始する事業年度から適用されている。

（1）意義

減損会計とは，経済環境の変化などの事情により，不動産などの固定資産の価値が，時価や収益性の著しい低下などにより下落し，資産の投資額である簿価を回収できなくなった場合（「減損の兆候」のあった場合）に，当該資産の過大な簿価を減額し，将来に損失を繰り延べないために行われる会計処理をいう。なお，減損損失を認識すべきと判定された資産については簿価を回収可能価額まで減額し，差額は減損損失として処理する。

┌【減損処理】

3 減損損失の測定

減損損失を認識すべきであると判定された資産又は資産グループについては，帳簿価額を回収可能価額まで減額し，当該減少額を減損損失として当期の損失とする。 （「固定資産の減損に係る会計基準」二）

　回収可能価額とは，資産又は資産グループの正味売却価額と使用価値のいずれか高いほうの金額をいう。

（「固定資産の減損に係る会計基準注解」注1　一部）

（注）正味売却価額＝資産の時価−処分費用見込額
　　　使用価値＝資産の使用と使用後の処分から生じる将来キャッシュ・フローの割引現在価値

（2）対象資産

　減損処理の対象となるのは企業が保有する事業用固定資産であり，有形固定資産に属する建物，土地など，無形固定資産に属するのれん（営業権）など，投資その他の資産に属する投資不動産などがこれに該当する。ただし，他の基準に減損処理の定めのある金融資産，繰延税金資産などについては対象資産から除かれる。

（3）会計処理と表示

【減損処理後の会計処理と表示】

　三　減損処理後の会計処理

　1　減価償却

　　　減損処理を行った資産については，減損損失を控除した帳簿価額に基づき減価償却を行う。

　2　減損損失の戻入れ

　　　減損損失の戻入れは，行わない。

　四　財務諸表における開示

　1　貸借対照表における表示

　　　減損処理を行った資産の貸借対照表における表示は，原則として減損処理前の取得原価から減損損失を直接控除し，控除後の金額をその後の取得原価とする形式で行う。（以下略）

　2　損益計算書における表示

　　　減損損失は，原則として損益計算書の**特別損失**とする。

（「固定資産の減損に係る会計基準」三　一部）

Exercise

問題① 固定資産に関する次の記述のうち，妥当なものはどれか。

1 固定資産のうち有形固定資産は，企業が経営活動に使用することを目的に長期間保有する資産のうち，具体的形態をもったものをいい，収益性資産の代表例である。

2 固定資産の取得において，自己所有の固定資産と交換に固定資産を取得した場合，交換に供された自己資産の時価をもって取得原価としなければならない。

3 固定資産の取得において，有形固定資産を贈与により取得した場合，時価などを基準として公正に評価した額をもって取得原価とする。

4 固定資産の自家建設をするために行った借入金の支払利息は取得原価に算入することは認められていないため，適正な原価計算基準に従って計算された製造原価に基づいて取得原価とする。

5 資産のうち，建物や構築物は償却資産であり，土地や工具器具は非償却資産である。

....

解説

1 誤。有形固定資産は，費用性資産の代表例である。

2 誤。固定資産の取得において，自己所有の固定資産と交換に固定資産を取得した場合，等価交換を原則とするため，交換に供された自己資産の適正な簿価をもって取得原価とする。

3 妥当な記述である。
固定資産の取得において，有形固定資産を贈与により取得した場合，時価などを基準として公正に評価した額をもって取得原価とする。この場合，資産計上否定説（ゼロ評価説）と肯定説（時価評価説）があるが，現行の企業会計制度では肯定説をとっている。

4 誤。固定資産の自家建設をするために行った建設に要する借入資本の利子で稼働前の期間に属するものは，これを取得原価に算入することができる。

5 誤。資産のうち，建物，構築物や工具器具は償却資産であり，土地は非償却資産である。

解答 **3**

問題②　固定資産に関する次の記述のうち，妥当なものはどれか。

1 資産の取得原価について，現物出資により取得した固定資産については，連続意見書によれば，その出資者に対して交付された株式の時価をもって取得原価とする。

2 資産の取得原価について，自己所有の固定資産と交換に固定資産を取得した場合は，その取得した固定資産の簿価を引き継いで取得原価とする。

3 資産の取得原価について，固定資産を贈与された場合には，時価等を基準として公正に評価した額をもって取得原価とする。

4 資産の取得原価について，有形固定資産を自家建設により取得した場合には，その正味実現可能価額をもって取得原価とする。

5 資産のうち，企業が長期間にわたり経営活動に使用する目的で保有する具体的な形態をもったものを有形固定資産といい，これらの資産はすべて減価償却の方法により費用化される。

・・

解説

1 誤。現物出資により取得した固定資産については，その出資者に対して交付された株式の発行価額（連続意見書の考え方）をもって取得原価とする。

2 誤。資産の取得原価について，自己所有の固定資産と交換に固定資産を取得した場合は，その交換に供された自己所有の固定資産の適正な簿価をもって取得原価とする。

3 妥当な記述である。
資産の取得原価のうち，固定資産を贈与された場合には，時価等を基準として公正に評価した額をもって取得原価とする。

4 誤。自家建設により有形固定資産を取得した場合は，適正な原価計算基準に従って製造原価を計算し，取得原価とする。

5 誤。有形固定資産のうち，土地や建設仮勘定は減価償却による費用化を要しない。

解答　3

問題③　固定資産に関する次の記述のうち，妥当なものはどれか。

1 減価償却の方法の1つである比例法とは，耐用年数によらないで，固定資産の利用割合を用いて減価償却費を計算する方法であり，鉱業用設備などの償却計算に採用される生産高比例法等がある。

2 有形固定資産の耐用年数が経過した後も残存する償却済みのものは，耐用年数が経過した時点で一括して費用に計上する。

3 減価償却の方法の1つである総合償却とは，耐用年数を異にする複数の資産を一括して，平均耐用年数を用いて減価償却を行う方法であり，平均耐用年数が経過した後は，未償却残高がなくなるので減価償却を行わない。

4 資産のうち，建物は償却資産であるので，建設工事に関連する支出である建設仮勘定も減価償却が行われる。

5 有形固定資産の減価償却の記帳法である直接法とは，減価償却累計額勘定を用いて減価償却額をその資産勘定の貸方に記入する方法である。

資産会計

・・・

解説

1 妥当な記述である。

この減価償却方法によるものは，鉱業用設備，航空機，自動車などがあげられる。

2 誤。実際に処分されるまでは，その売却価値または利用価値を見積って貯蔵品勘定などに振り替えられる。

3 誤。総合償却は減価償却の方法の1つではなく減価償却の設定単位による分類の1つである。総合償却では，減価償却費の計上をその設定資産がなくなるまで継続して行ういうのが通常である。交換を繰り返して全体を維持するような資産の総合償却では，平均耐用年数後も平均耐用年数による償却が行われる。

4 誤。建設仮勘定は，建設工事などに関する一時的な未決算勘定であり，取得価額未確定，営業の用に未投入等の理由から，減価償却による費用化を要しない。

5 誤。有形固定資産の減価償却の記帳法で，減価償却累計額勘定を用いて減価償却額を処理する方法は，間接法である。

（間接法）　　減価償却費　×××　　減価償却累計額　×××
（直接法）　　減価償却費　×××　　その対象資産　　×××

問題④　減価償却に関する次の記述のうち，妥当なものはどれか。

1 減価償却方法の1つである比例法は，耐用年数を用いず生産または用役の提供の度合いに応じて償却費を計上するため，その提供の累計が総利用可能量に達したときは，その資産簿価は必ずゼロとなる。

2 減価償却方法の1つである定率法による減価償却費の計上は，耐用期間中，均等額の償却費が計上されることから，期間比較が容易となる。

3 減価償却方法の1つである総合償却とは，耐用年数の等しい同種の資産を一括して減価償却を行う方法である。

4 減価償却方法の1つである取替法は，部分的取替に要する費用を減価償却費として計上する方法である。

5 減価償却方法の1つである級数法とは，耐用期間中，毎期一定の額を算術級数的に逓減した償却費を計上する方法である。

••

解説

1 誤。税法においては基本的に残存価額を取得価額の10%と規定しているので，実務上償却終了時には，残存価額が簿価として残る。

2 誤。定率法による減価償却費の計上は，耐用期間中，毎期期首未償却残高に一定率を乗じた減価償却費が計上される方法であり，耐用期間中，償却費は逓減していく。

3 誤。総合償却とは，耐用年数を異にする多数の資産を平均耐用年数を用いて一括して減価償却を行う方法である。減価償却方法の1つではなく，個別償却に対する，複数の資産を対象とした設定単位方法の1つである。

4 誤。減価償却とはまったく異なり，取替法は，減価償却の代わりに，部分的取替えに要する取替費用を収益的支出として処理する方法である。

5 妥当な記述である。
減価償却方法の1つである級数法とは，耐用期間中，毎期一定の額を算術級数的に逓減した償却費を計上する方法である。この方法は定率法と同様な特徴を有する。

解答 5

5 無形固定資産・繰延資産

のれんや繰延資産は，近年の制度改正で大きく変わった論点です。
試験対策としては，繰延資産の意義をしっかりと理解しましょう。

1．無形固定資産

（1）意義

長期的に営業の用に供される**具体的形態をもたない費用性資産**をいう。

（2）種類

法律上の権利および経済上の価値から構成されている。

```
┌─ 法律上の権利…特許権，実用新案権，商標権，意匠権，著作権，借地
│                権，地上権，鉱業権，ソフトウェアなど
└─ 経済上の価値…のれん（営業権）
```

（3）取得原価の決定

① 取得原価

無形固定資産の取得原価は，購入・現物出資・交換・贈与いずれの場合にお
いても，有形固定資産の取得の場合と同様に決定される。

なお，のれん（営業権）は，基本的には有償取得の場合に限って資産性が認
められる。

② 償却

償却方法としては，一般に残存価額をゼロとした定額法が採用される。

なお，鉱業権については生産高比例法によって償却することも認められる。

〈有形固定資産の減価償却との相違点〉

無形固定資産の償却	有形固定資産減価償却
① 　一般に残存価額ゼロで償却 ② 　直接控除により記帳・表示 ③ 　定額法が一般的	① 　残存価額がある ② 　通常は間接控除により記帳・表示 ③ 　定率法など他の方法もある

（4）のれん

① のれんの定義

のれんとは，当該企業の収益力が同種企業の平均収益力よりも高い場合におけるその超過収益力を資産計上したものをいう。こうした超過収益力は，通常，優秀な技術力，有利な立地条件，ブランドイメージなどにより生じる。

のれんは，基本的には有償取得の場合（通常は吸収合併，吸収分割，株式交換，新設合併，株式移転，事業の譲受けなどの組織再編行為を行った場合）のみその資産計上が認められる。

② 自己創設のれんの禁止

のれんは，有償取得の場合にその計上が認められるが，無償取得の場合（企業が外部の第三者に対価を支払うことなく自ら創設した場合），すなわち，自己創設のれんについてはその計上は認められない。なぜなら，自己創設のれんは，その評価に恣意性が介入し，その金額の決定を客観的に行うことが困難であるからである。

③ のれんの会計処理

「企業結合に関する会計基準」では，のれんの会計処理を以下のように定義している。

【のれんの定義】

取得原価が，受け入れた資産及び引き受けた負債に配分された純額を上回る場合には，その超過額はのれんとし，下回る場合には，その不足額は負ののれんとして会計処理する。

（「企業結合に関する会計基準」31・一部修正）

【のれんの表示】

のれんは**無形固定資産**の区分に表示し，のれんの当期償却額は販売費及び一般管理費の区分に表示する。

負ののれんは，原則として，**特別利益**に表示する。

（「企業結合に関する会計基準」47，48）

（注）「企業結合に関する会計基準」が平成 20 年 12 月に改正されたことにより従来，固定負債に計上されていた「負ののれん」は，基本的に当該負ののれんが生じた期に特別利益として処理することとなった。

【のれんの会計処理】

のれんは，資産に計上し，**20 年**以内のその効果の及ぶ期間にわたって，定額法その他の合理的な方法により規則的に償却する。ただし，のれんの金額に重要性が乏しい場合には，当該のれんが生じた事業年度の費用として処理することができる。　　　　（「企業結合に関する会計基準」32）

【負ののれんの会計処理】

負ののれんが生じると見込まれる場合には，次の処理を行う。ただし，負ののれんが生じると見込まれたときにおける取得原価が受け入れた資産及び引き受けた負債に配分された純額を下回る額に重要性が乏しい場合には，次の処理を行わずに，当該下回る額を当期の利益として処理することができる。

（1）取得企業は，全ての識別可能資産及び負債が把握されているか，また，それらに対する取得原価の配分が適切に行われているかどうかを見直す。

（2）（1）の見直しを行っても，なお取得原価が受け入れた資産及び引き受けた負債に配分された純額を下回り，負ののれんが生じる場

合には，当該負ののれんが生じた事業年度の利益として処理する。

（「企業結合に関する会計基準」33）

資産会計

[参考]　営業権

　従来，企業会計原則では「営業権は有償で譲受け又は合併によって取得したものに限り貸借対照表に計上し，毎期均等額以上を償却しなければならない（企業会計原則注解・注25）」と規定していた。

　ここでいう営業権とは当該企業の収益力が同種企業の平均収益力よりも高い場合におけるその超過収益力を資産計上したものをいう。こうした超過収益力は，通常，優秀な技術力，有利な立地条件，ブランドイメージなどにより生じる。営業権は現行制度におけるのれんと類似した概念であるが全く同一の概念とはいえない。

[設例]　買収（事業の譲受け）の場合

　A社は下記のような財政状態にあるB社を買収（事業の譲受け）し，その代価として25,000円を現金で支払った。

（B社）		貸借対照表	（単位：円）
諸　資　産	70,000	諸　負　債	50,000
		資　本　金	10,000
		資本剰余金	7,000
		利益剰余金	3,000
	70,000		70,000

A社の仕訳

（借）諸　資　産	70,000	（貸）諸　負　債	50,000
の　れ　ん	5,000	現　　　金	25,000

<u>　　　の　れ　ん</u>
　　無形固定資産

取得した事業の取得原価：25,000
取得した資産および引き受けた
負債に配分された純額：70,000 − 50,000 = 20,000
超過する額：25,000 − 20,000 = 5,000（のれん：無形固定資産）

　この5,000円はB社のブランドイメージなどから生ずる超過収益力を資産計上したものと考えることができる。

2．投資その他の資産

投資その他の資産とは，固定資産のうち，有形固定資産，無形固定資産に属するもの以外の固定資産をいう。

たとえば，投資を目的とするものと，正常営業循環基準・ワンイヤールールから除外された資産をいう。

種類…子会社株式，出資金，長期貸付金，破産債権，更生債権，投資　不動
　　　産，長期前払費用

3．繰延資産

（1）意義（「企業会計原則」注解15）

┌─【将来の期間に影響する特定の費用について】─────────────
│
│　「将来の期間に影響する特定の費用」とは，すでに代価の支払が完了し
│又は支払義務が確定し，これに対応する役務の提供を受けたにもかかわ
│らず，その効果が将来にわたって発現するものと期待される費用をいう。
│　これらの費用は，その効果が及ぶ数期間に合理的に配分するため，経
│過的に貸借対照表上繰延資産として計上することができる。
│
│　　　　　　　　　　　　　　　　（「企業会計原則注解」注15　一部）
└──────────────────────────────────

繰延資産とは，

① 　すでに代価の支払が完了しまたは支払義務が確定し

② 　これに対応する役務の提供を受けたにもかかわらず

③ 　その効果が将来にわたって発現するものと期待される

以上の３つの要件を満たす費用であって，その効果が及ぶ数期間に合理的に配分するため，経過的に貸借対照表上繰延資産として計上したものである。

（2）繰延資産の計上（容認規定）

繰延資産に該当する項目は，原則として，支出時に費用として処理するが，繰延資産として貸借対照表に計上し，その効果の及ぶ数期間に配分することも

認められる（容認規定）。

　　・将来の期間に影響する特定の費用

　　　原則…支出時に費用処理

　　　例外…繰延資産として計上し償却を通じて費用処理

（3）繰延の根拠（「連続意見書」第五参照）

　将来の期間に影響する特定の費用は，適正な期間損益計算の見地から，その効果の発現および収益との対応関係（費用・収益の対応）を重視して，繰延経理し，繰延資産として計上することが認められている。

　繰延資産は，通常の資産と異なり換金価値のない計算擬制的資産である。

　繰延資産は当期の収益獲得だけでなく次期以降の収益獲得に貢献するものであるから，その全額を当期の費用としないためにいったん貸借対照表に計上し，効果の及ぶ期間にわたって償却という手段を用いて配分し，費用化することで，効果の及ぶ期間の収益と対応させるために繰延経理がなされる。

（4）繰延資産と前払費用

　繰延資産と前払費用は次の点で異同がある。

〈繰延資産と前払費用〉

		繰延資産	前払費用
共通点		・いずれも支出の繰延経理が行われる場合に生じる ・いずれも代価の支払いが完了（または支払い義務が確定）	
相違点	役務の受入れ	あり	なし
	換金価値	なし	あり（役務提供請求権）
	資産計上	任意計上	原則として計上 （ただし重要性の原則の適用あり）

（5）具体例（「繰延資産の会計処理に関する当面の取扱い」）と償却

　平成18年8月11日に企業会計基準委員会が公表した「繰延資産の会計処理に関する当面の取扱い」によれば，現行制度で繰延資産として計上することが

資産会計

認められるのは，「創立費」，「開業費」，「開発費」，「株式交付費」，「社債発行費等」の5つである。

① 創立費

創立費とは，会社を設立するために必要な支出額であり，設立費用，発起人の報酬，設立登記費用などの合計額である。具体的には，定款の作成費用，株式募集のための広告費，設立登記の登録税などが該当する。

創立費は，**原則として支出時の費用**（営業外費用）として処理するが，繰延資産として計上した場合には，会社の成立後**5年以内**のその効果が及ぶ期間にわたり定額法により償却しなければならない。

② 開業費

開業費とは，会社設立後営業開始までの開業準備のための支出額であり，具体的には，開業準備にあたっての店舗の賃借料，広告宣伝費などが該当する。

開業費は，**原則として支出時に費用**（営業外費用）として処理するが，繰延資産として計上した場合には，開業後**5年以内**のその効果が及ぶ期間にわたり，定額法により償却しなければならない。

③ 開発費

開発費とは，新技術・新経営組織の採用，新資源の開発，新市場の開拓などのために**特別に要した支出額**である。

また，平成10年3月に企業会計審議会が公表した「研究開発費等に係る会計基準」（後述）によれば，研究開発費に該当するものはすべて支出時の費用として処理することが規定された。したがって，研究開発費に該当する開発費については繰延資産として計上することはできない。

開発費は，**原則として支出時に費用**（売上原価または販売費及び一般管理費）として処理するが，繰延資産として計上した場合には，支出時から**5年以内**のその効果が及ぶ期間にわたり定額法など合理的な方法により償却しなければならない。

④　株式交付費

　株式交付費とは，会社設立後における新株の発行および自己株式の処分のための直接の支出額であり，具体的には，株式募集の広告費，証券会社の手数料などが該当する。

　株式交付費は，**原則として支出時に費用**（営業外費用）**として処理する**が，繰延資産として計上した場合には，株式交付時から**3年以内**のその効果が及ぶ期間にわたり定額法により償却しなければならない。

⑤　社債発行費等

　社債発行費とは，社債の発行のための直接の支出額であり，具体的には社債募集の広告費，証券会社の手数料などが該当する。

　また，新株予約権の発行のために支出した直接の支出額も，社債発行費に含み，同様の処理を行うため「社債発行費等」とよばれる。

　社債発行費は，**原則として支出時に費用**（営業外費用）**として処理する**が，繰延資産として計上した場合には，**社債の償還期間**にわたって原則として利息法（例外として定額法も認められている）により償却しなければならない。

　なお，社債発行費等に含まれる新株予約権の発行のための支出額は，**原則として支出時に費用**（営業外費用）**として処理する**が，繰延資産として計上した場合には，発行時から**3年以内**に定額法で償却しなければならない。

	内　　容	償　却
①創立費	会社を設立するために必要な支出額	5年以内に定額法により償却
②開業費	会社の設立後営業開始までの開業準備のための支出額	
③開発費	新技術・新資源の開拓・新市場の開拓・現経営組織の改善などのための特別の支出額	
④株式交付費	会社設立後における新株の発行および自己株式の処分のために直接支出した費用	3年以内に定額法により償却
⑤社債発行費等	社債を発行するために支出した費用[注1]	社債の償還期限内に利息法（または定額法)により償却[注2]

(注1) 新株予約権を発行するために支出した費用も含まれる。
(注2) 新株予約権の発行費は3年以内に定額法により償却する。

（6）臨時巨額の損失

【臨時巨額の損失】

　天災等により固定資産又は企業の営業活動に必須の手段たる資産の上に生じた損失が，その期の純利益又は当期未処分利益から当期の処分予定額を控除した金額をもって負担しえない程度に巨額であって特に法令をもって認められた場合には，これを経過的に貸借対照表の資産の部に記載して繰延経理することができる。　（「企業会計原則注解」注15　一部）

　企業が災害などにより巨額の損失を受けた場合でも利益配当を可能にしたり，株式市場の混乱を回避するための経済政策的配慮として臨時巨額の損失の繰延経理が認められている。

　この臨時巨額の損失の繰延経理は経済政策的配慮に基づくものであり，本来の繰延資産の性格を有しているものではない。

（7）「研究開発費等に係る会計基準」について

①　研究開発費

　平成10年3月に設定された「研究開発費等に係る会計基準」によれば，従来，改正前商法において繰延資産として計上することが認められていた試験研究費（研究費）のすべてと開発費の一部は「研究開発費」として発生時に費用処理され，繰延資産として計上はできなくなった。したがって，開発費のうちの一部（研究開発費に該当しないもの）のみが繰延資産として計上できる。

　ここで「研究」とは新しい知識の発見を目的とした計画的な調査および探求をいい，「開発」とは，新しい製品・サービス・生産方法についての計画もしくは設計または既存の製品等を著しく改良するための計画もしくは設計として，研究の成果その他の知識を具体化することをいう（「研究開発費等に係る会計基準」一，1）。

　「研究開発費」に該当するものは，原則としてすべて発生時に費用として処理し，損益計算書の「販売費及び一般管理費」の区分に記載される（例外的に「製造原価」になることもある）。

　また，特定の研究開発目的のみに使用され，他の目的に転用できない機械や特許権などを取得した場合には，固定資産ではなく，取得時の「研究開発費」として処理される。

②　ソフトウェア制作費

　ソフトウェアとは，コンピュータを機能させるように指令を組み合わせて表現したプログラムをいう。

ソフトウェア制作費は，取得態様ではなく，**制作の目的**により会計処理および表示が決定される。なお，無形固定資産に計上した「ソフトウェア」は償却を通じて費用化される。

　1）受注制作のソフトウェア

　　受注制作の場合，請負工事の会計処理に準じて処理が行われる。

　2）市場販売目的のソフトウェア

　　市場販売目的の場合，製品マスター（複写可能な完成品）完成までの費用

などは「研究開発費」として処理される。一方，製品マスターの著作権など
は「無形固定資産」として処理される。

3）自社利用目的のソフトウェア

　自社利用目的の場合，将来の収益獲得・費用削減が確実であると認められ
る場合には「無形固定資産」として処理し，それ以外は費用処理される。

　なお，ソフトウェアが機械装置などに組み込まれており，一体不可分な場
合には，そのソフトウェアの取得原価は，機械装置などの取得原価に含めて
処理する。

問題① 資産に関する次の記述のうち，妥当なものはどれか。

1 繰延資産とは，将来の期間に影響する費用のうち，役務の提供を受け，すでに代価の支払いが完了しているものをいう。

2 のれん（営業権）は，有償取得したものに限り計上が認められ，自己創設のれんの計上は認められない。

3 無形固定資産の償却は，定率法で行い，間接控除法で記帳することを原則とする。

4 無形固定資産の評価は原価基準により，すべて5年間で償却しなければならない。

5 企業が現に生産している製品または採用している製造技術の改良のため，経常的に行う試験研究のための費用は繰延資産として計上することができる。

・・

解説

1 誤。繰延資産とは，すでに代価の支払いが完了しまたは支払義務が確定し，これに対応する役務の提供を受けたにもかかわらず，その効果が将来にわたって発現すると期待される費用のうち，経過的に資産として計上したものをいう。

2 妥当な記述である。
のれんは，他企業の買収または合併等で取得した有償取得と自己創設とがあるが，資産計上できるのは有償取得の場合である。

3 誤。無形固定資産の償却は，残存価額をゼロとした定額法が一般的であり，直接控除法で記帳する。

4 誤。無形固定資産は個々の資産ごとの法定有効期間内で償却される。

5 誤。企業が現に生産している製品等のため経常的に行う試験研究のための費用は，繰延資産として計上することができない。

解答　**2**

問題② 資産に関する次の記述のうち，妥当なものはどれか。

1 繰延資産と前払費用は，いずれも支出の繰延経理が行われる場合に生ずる点，いずれも代価の支払いが完了している点，いずれも役務の受入れが完了している点で共通している。

2 無形固定資産は，営業過程において長期間使用または利用される費用性資産であるため，その償却はすべて不要である。

3 ソフトウェア制作費は，購入，自社制作などの取得態様別に，会計処理が定められている。

4 繰延資産は，すべて5年以内に償却しなければならない。

5 繰延資産は，財産価値のない資産であるが，適正な期間損益計算を行う立場から，制度上資産計上が認められている。

• •

解説

1 誤。役務の受入れについて，繰延資産は完了しているが前払費用は完了していない点が異なっている。

2 誤。無形固定資産は，法定有効期間内に償却される。

3 誤。ソフトウェア制作費は，取得態様別でなく制作の目的ごとに会計処理が定められている。

4 誤。繰延資産は，個々の資産ごとに償却期間が異なっている。
　5年以内で償却しなければならないものは創立費，開業費，開発費などである。

5 妥当な記述である。
　繰延資産は，財産価値のない資産であるが，適正な期間損益計算を行う立場から，制度上資産計上が認められている。

解答　5

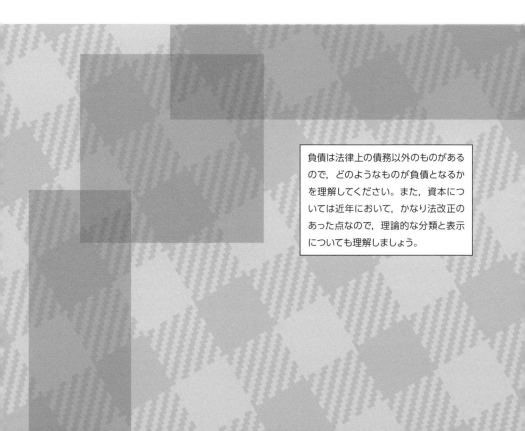

第3章

負債・資本会計

負債は法律上の債務以外のものがある
ので，どのようなものが負債となるか
を理解してください。また，資本につ
いては近年において，かなり法改正の
あった点なので，理論的な分類と表示
についても理解しましょう。

1 負 債

負債では，引当金が最も重要です。引当金は何を目的として設定されるのか，また，引当金にはどのようなものがあるのかを理解してください。

1. 負 債

負債とは，その企業の返済しなければならない債務などのことをいう。「財務会計の概念フレームワーク」によれば，負債とは，「過去の取引または事象の結果として，報告主体が支配している経済的資源を放棄もしくは引き渡す義務，またはその同等物」をいう。

（1）負債の分類

① **流動・固定分類**（企業の支払能力または財務的流動性からの分類）

負債は，正常営業循環基準，1年基準などにより，流動負債と固定負債とに分けられる。この分類方法は，資産を換金性の長短から流動性資産と固定資産とに分類する方法と同様の考え方（財務的流動性）から導き出される。

この分類は貸借対照表の表示と結びつく分類である。負債のうち，当該企業の営業活動から生じた負債は正常営業循環基準により貸借対照表の流動負債に表示される。負債のうち，当該企業の営業活動以外から生じた負債は，1年基準を適用し，決算日の翌日から1年以内に決済期日の到来するものは貸借対照表の流動負債の区分に記載され，決算日の翌日から1年を超えて決済期日の到来するものは貸借対照表の固定負債の区分に記載される。

```
         ┌─ 流動負債…支払手形，買掛金，短期借入金，未払金，
         │            未払費用，前受収益など
負債 ─────┤
         └─ 固定負債…社債，長期借入金など
```

［負債の表示面での分類］

②　属性別分類

　一方で負債は，債務と非債務に大別され，債務は確定債務と条件付債務に細分される。確定債務とは，債務の履行義務が確定しているものであり，条件付債務とは，一定の条件が発生したときに債務の履行義務が確定するものであり，非債務とは，期間損益計算のために設定される負債項目である。この分類は，負債の貸借対照表の評価と結びつく分類である。

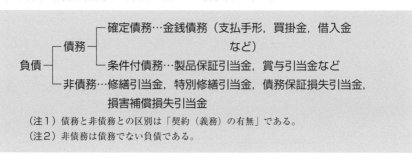

（注1）債務と非債務との区別は「契約（義務）の有無」である。
（注2）非債務は債務でない負債である。

[負債の属性別分類]

（2）負債の評価

　負債のうち確定債務は，決済日や債務額が決まっているため，契約に基づく返済額（券面額）で評価する。条件付債務や非債務は合理的な見積額で評価する。

（3）金融負債

①　金融負債の意義，発生・消滅の認識

　金融負債とは，支払手形，買掛金，借入金および社債などの金銭債務ならびにデリバティブ取引により生じる正味の債務などをいう。

　金融負債については，通常の商品等の売買や役務の提供の対価に係る金銭債務は，原則とし当該商品等の受け渡し又は役務提供の完了によりその発生を認識する。しかし，金融負債自体を対象とする取引においては原則として，金融負債の契約上の義務を生じさせる契約を締結したとき（約定時）に当該金融負債の発生を認識しなければならない。

　また，金融負債は，金融負債の契約上の義務を履行したとき，義務が消滅し

たとき又は第一次債務者の地位から免責されたときその消滅を認識する。

② 金銭債務の意義

　金銭債務とは，将来他人に対して一定額の金銭の支払いを行う義務をいう。

③ 金銭債務の評価

┌─【金銭債務の評価】─────────────────────────────┐

　支払手形，買掛金，借入金，社債その他の債務は，**債務額**をもって貸借対照表価額とする。ただし，社債を社債金額よりも低い価額又は高い価額で発行した場合など，収入に基づく金額と債務額とが異なる場合には，**償却原価法**に基づいて算定された価額をもって貸借対照表価額としなければならない。

（「金融商品に関する会計基準」26）

└──────────────────────────────────────┘

┌─【償却原価法】───────────────────────────────┐

　償却原価法とは，金融資産又は金融負債を債権額又は債務額と異なる金額で計上した場合において，当該差額に相当する金額を弁済期又は償還期に至るまで毎期一定の方法で取得価額に加減する方法をいう。なお，当該加減額を受取利息又は支払利息に含めて処理する。

（「金融商品に関する会計基準」注5）

└──────────────────────────────────────┘

2．社　債

（1）社債とは

　社債とは，会社が社債券を発行して資金を調達した場合に生ずる債務をいう。

（2）社債の種類

　我が国においては，会社法上，普通社債の他に，新株予約権付社債が認められている。

①　社債発行の形態

社債券に記入された金額を券面額といい，これに発行した社債数を乗じた金額を額面金額という。社債を額面金額で発行することを**平価発行**，額面金額よりも低い価額で発行することを**割引発行**，額面金額を超える価額で発行することを**打歩発行**という。

②　社債発行の会計処理

社債は，**債務額**をもって貸借対照表価額とする。ただし，社債を社債金額よりも低い価額（割引発行）又は高い価額（打歩発行）で発行した場合など，収入に基づく金額と債務額とが異なる場合には，**償却原価法**に基づいて算定された価額をもって貸借対照表価額としなければならない（「金融商品に関する会計基準」26）。

従来，社債金額と発行価額との差額は社債発行差金（繰延資産）として処理していたが，現行制度では，**社債発行差金は社債から直接控除する**。

償却原価法とは，金融資産又は金融負債を債権額又は債務額と異なる金額で計上した場合において，当該差額に相当する金額を弁済期又は償還期に至るまで毎期一定の方法で取得価額に加減する方法をいう。なお，当該加減額を受取利息又は支払利息（社債利息）に含めて処理する（「金融商品に関する会計基準」注5）。

また，社債権者に対する利息の支払いは「社債利息（営業外費用）」勘定で処理し，社債発行のための諸費用（印刷費など）は「社債発行費（等）（繰延資産）」勘定で処理することができる。

［設例］社債発行の会計処理

1年度期首に額面金額10,000円の社債を＠100円につき＠97円で発行し，払込を受けた。発行時に社債発行のための諸費用150円を現金で支払った。償還期限は3年。券面利子は年5円で毎期末に支払うものとする。社債発行費は3年で定額法により償却し，償却原価法の処理は定額法により行う。

＊1年度期首（発行時）

発行時	（現	金）	9,700	（社	債）	9,700
						払込金額
	（社債発行費〈等〉）	150	（現	金）	150

繰延資産

＊1年度期末

利払い	（社 債 利 息）	5	（現	金）	5
償却	（社 債 利 息）	100	（社	債）	100
	（社債発行費〈等〉償却）	50	（社債発行費〈等〉）	50

＊2年度期末

利払い	（社 債 利 息）	5	（現	金）	5
償却	（社 債 利 息）	100	（社	債）	100
	（社債発行費〈等〉償却）	50	（社債発行費〈等〉）	50

＊3年度期末（償還日）

利払い	（社 債 利 息）	5	（現	金）	5
償却	（社 債 利 息）	100	（社	債）	100
	（社債発行費〈等〉償却）	50	（社債発行費〈等〉）	50
償還	（社 債）	10,000	（現	金）	10,000

（注）償却原価法の償却額は，社債利息に含めて処理する。

③ 社債の償還

社債の償還は，通常，償還期日の到来により額面金額で行われる（満期償還）。また，この他に抽選償還や買入償還といった方法で償還されることもある。

1）抽選償還

抽選償還とは，満期日に至るまで一定期間ごとに分割償還する方法をいう。償還社債権者を確定するために抽選を行い，額面金額で償還される。

2）買入償還

社債を発行した会社が，資金に余裕があり，しかも自社の社債の価額が下落している状況等において，市場から自らの社債を購入することがある。これを**買入償還**という。

④ 新株予約権付社債

新株予約権付社債とは，新株予約権が付された社債をいう。ここで，新株予約権とは，その権利を有するもの（新株予約権者）が，一定期間（行使請求期間）内に一定の価格（行使価格）で新株を引き受け，または自己株式の移転を受ける権利をいう（簡単にいえば，株主になることができる権利である）。

新株予約権は，現行制度では，貸借対照表の**純資産の部**に計上される。

3. 引当金

（1）意義

┌─【引当金について】─────────────────────────

将来の特定の費用又は損失であって，その発生が当期以前の事象に起因し，発生の可能性が高く，かつ，その金額を合理的に見積ることができる場合には，当期の負担に属する金額を当期の費用又は損失として引当金に繰入れ，当該引当金の残高を貸借対照表の負債の部又は資産の部に記載するものとする。

製品保証引当金，売上割戻引当金，返品調整引当金，賞与引当金，工事補償引当金，退職給付引当金，修繕引当金，特別修繕引当金，債務保証損失引当金，損害補償損失引当金，貸倒引当金等がこれに該当する。

発生の可能性の低い偶発事象に係る費用又は損失については，引当金を計上することはできない。 （「企業会計原則注解」注18 一部修正）

─────────────────────────────────────

（注）原文では「退職給与引当金」であったが，「退職給付に関する会計基準」の設定に伴い「退職給付引当金」とした。

引当金とは，将来の費用・損失を当期の費用・損失としてあらかじめ見越計上したときの貸方科目である。具体的には，以下の**4つの要件をすべて満たした場合**に引当金が計上され，その繰入額が当期の負担に属する費用または損失として計上される。ただし，引当金のうち，重要性が乏しいものについては，これを計上しないことができる（重要性の原則の適用）。

（2）要件

- 将来の特定の費用または損失であること
- その発生が当期以前の事象に起因していること
- 発生の可能性が高いこと
- その金額を合理的に見積もることができること

① 「将来の特定の費用または損失であること」

当期に，費用または損失という消費事実が発生しているのではなく，次期以降にその消費という事実が起きることをいう。

② 「その発生が当期以前の事象に起因していること」

これは，「何らかの事象により費用または損失が発生しその原因となる事象が当期以前にある場合」引当経理を行うことを規定したものであり，根拠として「発生主義の原則」「費用収益対応の原則」または「保守主義」があげられる。

　1）発生概念の拡張（原因発生主義）

　　一般に費用の発生とは，財・用役の費消と，それと同時に生じてくると推定されている経済価値の減少を意味する。しかし，財・用役の費消がいまだ生じていなくとも，その原因事実の発生をもって経済価値の減少を把握しようとする考え方がある。これを原因発生主義という。

　2）費用収益対応の原則

　　費用収益対応の原則とは，一般に，収益と費用との間に因果関係を見いだそうとするものであり，通常は費用の発生が収益の発生よりも時間的に先行するものと考えられる。しかし，収益の発生が費用の発生よりも先行する場合は，費用と収益を対応させるために，収益が認識された期に費用を見越計上しようとするのである。

　3）保守主義

　　保守主義とは，「予想の利益は計上してはならないが予想の損失は計上しなければならない」という考え方をいう。債務保証損失引当金，損害補償損失引当金の設定論拠は保守主義である。

③ 「発生の可能性が高いこと」

発生の可能性の判断は，当該事象の状況や過去の経験，経済環境などに基づき判断する。

発生の可能性 ─┬─ 高い……引当経理を行う。
　　　　　　　 └─ 低い……実際にその事象が発生したときに計上する。
　　　　　　　　　　　　　 （偶発債務）

④ 「その金額を合理的に見積もることができること」

会計上は，貨幣額での評価ができることが前提であり，また合理的な見積りがなされなければ，適正な費用配分はなされない。

（3）分類

引当金には，製品保証引当金，売上割戻引当金，返品調整引当金，賞与引当金，工事補償引当金，退職給付引当金，修繕引当金，特別修繕引当金，債務保証損失引当金，損害補償損失引当金，貸倒引当金などがある。

かかる引当金は，資産の部の引当金と負債の部の引当金に分けられ，後者はさらに，債務たる引当金と債務でない引当金とに分けられる。

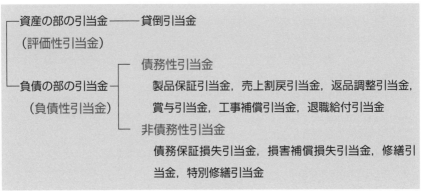

```
─ 資産の部の引当金 ─── 貸倒引当金
  （評価性引当金）
                      ┌─ 債務性引当金
─ 負債の部の引当金 ─┤     製品保証引当金，売上割戻引当金，返品調整引当金，
  （負債性引当金）    │     賞与引当金，工事補償引当金，退職給付引当金
                      └─ 非債務性引当金
                          債務保証損失引当金，損害補償損失引当金，修繕引
                          当金，特別修繕引当金
```

[引当金の分類]

[参考] 引当金の具体的内容
1 修繕引当金・特別修繕引当金
　企業の所有する設備や機械装置などについて毎年行われる通常の修繕に要す

る支出額のうち，その修繕に備えて設けられる引当金をいう。

　特別修繕引当金とは，数年ごとに定期的に行われる特別の大修繕に備えて設けられる引当金をいう。

　これらは法的債務性をもたず，期間損益計算思考からのみ設定される。

2　製品保証引当金

　製品販売後，一定期間内の無料修理保証をした場合において，その支出額に対する費用の合理的見積額をいう。

3　工事補償引当金

　これは製品保証引当金の一種であり，建設業において設定されるものである。

4　退職給付引当金

　労働協約や就業規則などに基づいて，企業が従業員に退職一時金や退職年金（企業年金）などの退職給付を行うことを約束している場合に，将来の退職給付のうち当期の負担に属する額を当期の費用として負担させるために設けられる引当金をいう。

5　賞与引当金

　賞与支給規定などによって支払われる従業員などの賞与の見積額について設けられる引当金をいう。役員に対する賞与の見積額について設けられる引当金は役員賞与引当金とよばれる。

6　返品調整引当金

　販売した商製品について取引先と返品契約を結んでいる場合，将来返品が予想される商製品の売上利益に相当する額を見積もって設けられる引当金をいう。

7　売上割戻引当金

　取引先との割戻契約に基づいて，当期の売上に関連して，将来行われるであろう割戻額を見積もって設けられる引当金をいう。

8　債務保証損失引当金

　他人の債務保証を行っている場合で，確実に損失を負担する危険性が高い場合，当該損失を見積もって設けられる引当金をいう。

　これは保守主義の原則に基づいて設けられる引当金である。

9　損害補償損失引当金

　経営活動の結果，企業に対して訴訟事件として裁判所に提起されたような場合で，損害賠償支払義務の確定がかなりの可能性で考えられるような場合，当該補償額を見積もって設けられる引当金をいう。

10　貸倒引当金

　期末の売掛金や受取手形が，次期以降に実際に回収不能になったとき貸倒損

失として処理したのでは，費用収益対応の原則に反する。そこで，期末におい
て営業債権残高などについて，将来の貸倒損失に備えてその金額を見積もり，
貸倒引当金を設定して費用を計上しなければならない。

［参考］　退職給付会計

　従来の会計基準では退職一時金（企業が退職者に直接給付するもの）に対して
「退職給与引当金」を設定していたが，平成10年6月に「退職給付に係る会計基
準」^(注)が公表された。

　退職給付会計では，退職時に見込まれる退職給付のうち当期末までに発生して
いると認められる金額を一定の割引率などで割り引いて計算された「退職給付債
務」から，「年金資産の時価（企業が企業年金制度を採用した場合に，企業外部の
年金基金などで運用中のもの）」を控除した金額を**「退職給付引当金」**として計上
する。

　また，退職給付会計では，退職給付に関してさまざまな費用，収益が算出され
るが，これらは相殺した純額が「退職給付費用」として計上される。

　退職給付費用は，勤務費用や利息費用（いずれも当期の退職給付債務の増加額
である）から，年金資産の運用に係る期待運用収益を控除して算定する。また，
過去勤務債務および数理計算上の差異に係る費用処理額などは退職給付費用に含
める。

（注）現在は「退職給付に関する会計基準」に引き継がれている。

4．偶発債務

（1）意義

　偶発債務とは，まだ現実の債務ではないが，将来一定の条件を満たすような
事態が生じた場合に債務となるものをいう。

（2）会計処理

　偶発債務のうち，「企業会計原則注解（注18）」の4要件を満たすものは引
当金として計上される。それ以外の偶発債務は貸借対照表に注記する。

Exercise

問題　引当金に関する次の記述のうち，妥当なものはどれか。

1　引当金は，その設定要件から，すべて確定債務の性質を有する。

2　引当金は，将来の予想される費用・損失を，当期の費用・損失として見越計上した場合の，貸方項目であり，その費用計上は，利益処分項目である。

3　引当金のうち貸倒引当金は，他の引当金と区別し，債権の回収不能見積額として純資産（資本）の部に表示される。

4　引当金は，正常な営業循環内に発生するため，正常営業循環基準により，そのすべてを流動項目とする。

5　企業会計原則によると，発生の可能性の低い偶発事象に係る特定の費用または損失は引当金を設定することはできない。

・・・

解説

1　誤。引当金は，確定債務ではない。

2　誤。引当金の費用計上は，その期の費用として計上される。

3　誤。引当金のうち貸倒引当金は，その設定債権の回収不能見積額として資産の部に計上される。

4　誤。引当金は，ワンイヤールールにより流動または固定項目に分類される。

5　妥当な記述である。
　　引当金は，その設定4要件を満たした場合，設定される。

解答　5

2 資　本

資本会計は抽象的で難解ですが，資本の分類と表示を理解してください。

1．資本の意義

（1）資本の意義

① 資本の意義

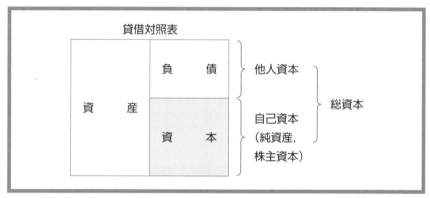

[資本の意義]

　資本とは，企業資本の調達源泉の一形態であり，会社の総資産のうち，その株主に帰属する部分をいう。

　企業の貸借対照表の内容は，調達した資本の運用形態である資産と，その調達源泉である総資本（これは他人資本と自己資本とに分けられる）との2つに分けられる。総資本のうち自己資本を，通常会計では資本という。

　また，資本は，株主資本あるいは純資産（注）とよばれる。

（注）現行制度では，（株主）資本と純資産は異なる意味となっている（後述）。

② 資本の意味

　「資本」という言葉は，下記のように広狭様々な意味に捉えることができる

ので注意を要する。

Ⓜ　総資本…総資産に対応する資本

Ⓡ　純資産…資産から負債を控除した差額

Ⓒ　株主資本…純資産のうち株主に帰属する部分

Ⓓ　元本としての資本…利益と区別されるべき資本

Ⓔ　払込資本…資本主（株主）が払い込んだ資本

Ⓕ　法定資本…会社法が定める資本金としての資本

これらを図示すると次のようになる。

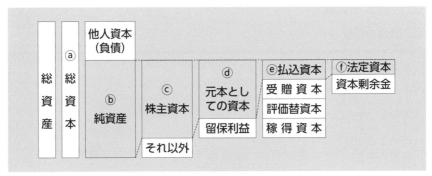

[資本の意味]

（2）企業会計原則における資本の部の分類と表示

　企業会計原則における資本の規定は，現行制度とは多くの点で異なっているが，国税専門官試験では，資本会計に関しては企業会計原則の規定からの出題があるため，企業会計原則における資本の部の表示の規定を記載しておくこととする。

┌【資本の部の表示】───────────────────────────

　資本は，**資本金**に属するものと**剰余金**に属するものとに区別しなければならない。

A　資本金の区分には，法定資本の額を記載する。

　　発行済株式の数は普通株，優先株等の種類別に注記するものとする。

B　剰余金は，資本準備金，利益準備金及びその他の剰余金に区分して記

載しなければならない。

　株式払込剰余金，減資差益及び合併差益は，資本準備金として表示する。

　その他の剰余金の区分には，任意積立金及び当期未処分利益を記載する。

C　新株式払込金又は申込期日経過後における新株式申込証拠金は，資本金の区分の次に特別の区分を設けて表示しなければならない。

D　法律で定める準備金で資本準備金又は利益準備金に準ずるものは，資本準備金又は利益準備金の次に特別の区分を設けて表示しなければならない。

（「企業会計原則」貸借対照表原則四・（三））

【剰余金の分類】

会社の純資産額が法定資本の額を超える部分を剰余金という。

剰余金は，次のように**資本剰余金**と**利益剰余金**とに分れる。

（１）資本剰余金

　　株式払込剰余金，減資差益，合併差益等

　　なお，合併差益のうち消滅した会社の利益剰余金に相当する金額については，資本剰余金としないことができる。

（２）利益剰余金

　　利益を源泉とする剰余金

（「企業会計原則注解」注 19）

［参考］　剰余金概念

　企業会計原則における剰余金と会社法における剰余金の概念は，以下のように異なっている

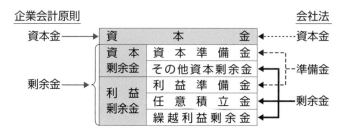

　企業会計原則では，会社の純資産額が法定資本の額を超える部分を剰余金といい，資本準備金や利益準備金も剰余金の一種である。それに対して，会社法では資本準備金や利益準備金は剰余金ではない。

　なお，会社法の規定では，会社はいつでも株主総会決議により株主に対して剰余金の分配（配当など）をすることができるようになった。この場合の財源となる剰余金とは会社法における剰余金であり，資本準備金や利益準備金は配当の財源とすることはできない。

（3）資本の源泉別分類

〈資本の源泉別分類〉

資本	資本金（法定資本）				払込資本 （法定資本と 払込剰余金）
	剰余金	資本剰余金	資本準備金	株 式 払 込 剰 余 金 合 併 差 益 など	
			その他 資本剰余金	自己株式処分差益など	
				国 庫 補 助 金 工 事 負 担 金 債 務 免 除 益 私 財 提 供 益 など	受贈資本 （贈与剰余金）
				固 定 資 産 評 価 差 益 保 険 差 益 など	評価替資本 （評価替剰余金）
		利益剰余金	利益準備金	利 益 準 備 金	稼得資本 （留保利益）
			その他 利益剰余金	任 意 積 立 金	
				繰 越 利 益 剰 余 金 （ 当 期 未 処 分 利 益 ）	

（注）上記の資本の源泉別分類は，特にその他資本剰余金の概念について，現行制度とは多くの点で異なっている。

① 払込剰余金

　払込剰余金とは，株主からの払い込みを源泉とするが，資本金に組み入れていない部分をいう。資本準備金や自己株式処分差益などが該当する。

② 贈与剰余金（受贈資本）

　贈与剰余金とは，国，地方公共団体など株主以外からの補助金の交付，資産の無償提供，債務免除などによって生じた資本の増加部分をいう。贈与剰余金は会計理論の立場では，資本の一項目であるが，会社法上は，資本ではなく利益として処理される。

1）国庫補助金（建設助成金）

　　国庫補助金とは，国または地方公共団体から資本助成のために交付された資金をいう。

2）工事負担金

　　工事負担金とは，公益事業（電気，ガス事業など）を営む企業が，利用者から資本助成のために収受した工事費の一部負担額をいう。

3）債務免除益

　　債務免除益とは，欠損填補を目的として債権者から受けた債務免除の額をいう。

4）私財提供益（財産受贈益）

　　私財提供益とは，欠損填補などを目的として会社役員などから財産を無償提供された額をいう。

[参考]　贈与剰余金の会社法上の処理

　会計理論の立場では，贈与剰余金は，資本の一項目である。それに対して会社法では，贈与剰余金は，利益として処理される。

　会計理論の立場では，贈与剰余金を仮に利益として処理すると，課税・配当の対象となってしまい，贈与者の意図に反するため，資本として企業内部に維持すべきである，と考える。

　しかし，贈与剰余金を資本とすると，株主以外の第三者（国・地方公共団体，債権者など）による出資を認めることとなる。会社法は，株主以外からの出資を認めないため，贈与剰余金は利益として処理する。

---

③　評価替剰余金（評価替資本）

　評価替剰余金とは，貨幣価値の変動などにより生じた資本の増加部分をいう。評価替剰余金は会計理論の立場では，資本の一項目であるが，会社法上は，資本ではなく利益として処理される。

1）固定資産評価差益

　　固定資産評価差益とは，貨幣価値の著しい変動により固定資産を評価替えすることによって生じる差額をいう。

2）保険差益

　保険差益とは，保険契約の付された資産が火災，盗難などにより滅失した場合において，保険金の受取額がその滅失資産の帳簿価額を超える場合の超過額をいう。

［参考］　評価替剰余金の会社法上の処理

　会計理論の立場では，評価替剰余金は，資本の一項目である。それに対して会社法では，評価替剰余金は，利益として処理される。

　会計理論の立場では，評価替剰余金は単なる資本価値の修正であって，誰も利得を得るわけではない。また，評価替剰余金を仮に利益として処理し社外流出させると，資産の取替えが不可能になってしまうため，評価替剰余金は資本とすべきである，と考える。

　しかし，評価替剰余金は，贈与剰余金と同様に，株主の拠出資本ではない。したがって会社法は，評価替剰余金は利益として処理する。

〈資本剰余金の概念のまとめ〉

		具体的な科目	会計理論上	現行制度上
資本剰余金	払込剰余金	株式払込剰余金など	資本準備金	B/S 資本準備金 （純資産）
		自己株式処分差益など		B/S その他資本剰余金 （純資産）
	贈与剰余金	国　庫　補　助　金 工　事　負　担　金 債　務　免　除　益 私　財　提　供　益 　　　　　　　　　など	その他の資本剰余金 （資本）	資本ではなく利益
	評価替剰余金	固定資産評価差益 保　険　差　益 　　　　　　　　　など		資本ではなく利益

［参考］　圧縮記帳

　前述のように国庫補助金等により有形固定資産を取得した場合には，制度上は，国庫補助金等は利益として処理されることになるが，補助金等は企業の資産取得に対する助成であり，これに対して一時に課税することは一種の矛盾であって不

合理である。そこで，税法上はいったん収益に計上された金額の範囲内で固定資産の取得原価を減額し，減額した分を損金とすることを認めている。これがいわゆる圧縮記帳であり，その目的は国庫補助金等に一時に課税することを防ぐという課税の繰延にある。企業会計原則が圧縮記帳を認めるのは税法の規定を受け入れたためであり，圧縮記帳に会計的な根拠があるわけではない。

（4）資本と利益の区別の原則

―【資本と利益の区別の原則】―――――――――――――――――――――――

　資本取引と損益取引とを明瞭に区別し，特に資本剰余金と利益剰余金とを混同してはならない（企業会計原則・一般原則三）。

（「企業会計原則注解」注20・一部）

　「資本と利益の区別の原則」は，企業が活動していく上で，元本（資本）とそこから生じた果実（利益）を区別すべきことを要請した原則である。

　前述したように，現行制度では受贈資本や評価替資本は資本剰余金としては処理されない。結果的に資本金と資本剰余金といった払込資本が企業の元本たる部分（資本）を表し，利益剰余金，すなわち稼得資本（留保利益）は，企業がその活動により獲得した果実たる部分（利益）を表している。

2．純資産と（株主）資本

　純資産とは，資産から負債を控除した差額をいう。従来，純資産と資本は同義として用いられてきた。しかし，近年，たとえば新株予約権のように負債項目と資本項目のどちらとも区別しがたい項目が増加したことなどの理由により，負債と資本の区分の曖昧性が問題となっていた。

　こうした問題に対処するため，「貸借対照表の純資産の部の表示に関する会計基準」などにおいて，資産から負債を控除した額を純資産として定義し，貸借対照表は，資産の部，負債の部，純資産の部に区分することとした。

　現行制度では，純資産を以下のように考えている。

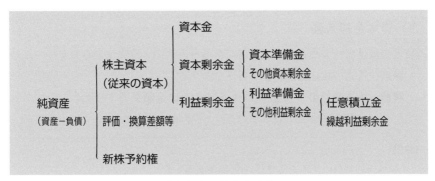

[純資産と株主資本]

　なお，「財務会計の概念フレームワーク」によれば，純資産とは「資産と負債の差額」をいい，株主資本とは「純資産のうち，報告主体の所有者である株主（連結財務諸表の場合には親会社株主）に帰属する部分」をいう。

3．資本金

（1）資本金の意義

　資本金とは，会社法が債権者保護などのために，会社財産を確保すべき一定の計算上の金額として定めたものであり，法定資本とよばれる。

（2）授権資本制度（発行可能株式総数）

　会社法は授権資本制度を採用している。**授権資本**とは会社定款に記載された，会社が発行することのできる株式の総数のことであり，現行制度では発行可能株式総数とよばれる。

　会社の設立に当たっては，授権資本のうち4分の1以上を発行する必要がある（公開会社でない会社を除く）。取締役会は授権資本の枠内であれば，取締役会の決議で新株を発行することができる。

　機動的な新株発行ができるように，株主が，取締役会決議を経れば，発行してもよいという権利を取締役会に付与した部分なので授権資本という。

　なお，そのうち，実際に発行している株式数は発行済株式総数という。

負債・資本会計

（3）資本金組入額

資本金は設立時であろうと増資時であろうと次のように決定される。

原則…株式の払込金額総額を資本金とする

容認…払込金額のうち2分の1を超えない金額を資本金としないで「株式払込剰余金（資本準備金）」とすることができる

［設例］
1株8万円の払い込みを受け株式を10株発行した。

・原則

（借）現　金　預　金　800,000　　　（貸）資　　本　　金　800,000

・例外…会社法の規定による最低額を資本金に組み入れる場合

（借）現　金　預　金　800,000　　　（貸）資　　本　　金　400,000

株式払込剰余金　400,000
資本準備金

4．資本剰余金

資本剰余金は，理論的には，資本取引によって生じる剰余金をいい，払込剰余金，贈与剰余金，評価替剰余金からなる。しかし，前述したように贈与剰余金と評価替剰余金は現行制度では資本ではなく利益となるため，現行制度で資本剰余金は，資本準備金とその他資本剰余金（贈与剰余金と評価替剰余金以外のその他資本剰余金）とに細分される。

（1）資本準備金（払込剰余金）

資本準備金とは，株主からの出資額のうち資本金としないもので会社法の定めにより会社が計上した金額をいう。現行制度上では，前述したように株式の払込金額のうち資本金としなかった金額（株式払込剰余金）や，合併，株式交換，株式移転，会社分割などの組織再編行為で資本金やその他資本剰余金としなかった金額（合併差益，株式交換差益，株式移転差益など）が資本準備金となる。

　なお，会社法では，資本準備金は利益準備金と合わせて（法定）準備金とよばれる。

（2）その他資本剰余金（払込剰余金）

　その他資本剰余金とは，資本として取り扱う資本剰余金のうち会社法上の資本準備金以外のものである。現行制度上では，資本金や資本準備金の減少により増加した金額（資本金及び資本準備金減少差益などともいう）や保有する自己株式を処分した際に自己株式の処分の対価が，自己株式の帳簿価額を超える金額（自己株式処分差益という）などがその他資本剰余金となる。

　なお，現行制度では，その他資本剰余金からの配当等を行うことができる。その場合には，準備金の合計額が資本金の4分の1に達するまで，その額の10分の1を資本準備金として計上しなければならない。

5．利益剰余金

　利益剰余金とは，企業内に留保されている利益をいい，その中には過年度に稼得した分と当期に稼得した当期純利益が含まれる。利益剰余金は資本を運用した結果として稼得された果実であるから，元本としての資本とは区別されなければならない。利益剰余金には利益準備金，任意積立金，繰越利益剰余金がある。

（1）利益準備金

　利益準備金とは，債権者保護などのために会社法の定めにより強制的に積み立てられる留保利益である。会社法では，利益準備金は資本準備金と合わせて（法定）準備金ともよばれる。

　利益準備金は，資本準備金と合わせて（つまり，準備金の合計額が）**資本金の4分の1に達するまで**，毎決算期に金銭等による剰余金の配当として減少するその他利益剰余金の**10分の1**を企業内に積み立てることを会社法によって強制されているものである。また，会計期間が1年の会社が取締役会決議により金銭で剰余金の配当（中間配当とよばれる）を行った場合にもその配当額

の10分の1を利益準備金として企業内に積み立てなければならない。

（2）任意積立金

　任意積立金とは，株主総会の決議等によって任意に積み立てられた留保利益である。これには，配当平均積立金，減債積立金など使途を定めて積み立てる使途特定積立金と，別途積立金等の使途を定めずに積み立てる使途不特定積立金がある。

　任意積立金は，稼得された利益を配当によって社外流出させずに内部留保しようとするものであるから，積立金の額だけ資金が企業内部に留保されることになる。

［参考］　引当金と積立金との異同点
① 共通点
　　a. 両者とも，何らかの不特定資産を社内に留保する。
　　b. 両者とも，貸借対照表上貸方に属する勘定である（貸倒引当金を除く）。
② 相違点
　　a. 引当金（貸倒引当金を除く）は負債の性質を有するが，積立金は自己資本に属する。
　　b. 引当金は費用または損失の計上によって設けられるが，積立金は剰余金の処分によって設定される。
　　c. 引当金は期末の決算整理として設けられるが，積立金は株主総会決議などで設けられる

（3）繰越利益剰余金

　繰越利益剰余金（従来は，当期未処分利益とよばれていた）とは，直近の処分後の剰余金の残高に当期純利益または当期純損失を加減した金額である。繰越利益剰余金は株主総会などにおいて剰余金の分配の対象となる。

6.　自己株式

① 自己株式の意義

　自己株式とは，会社がすでに発行した株式を取得し，保有している場合のそ

の株式のことをいう。

②　資産説と資本控除説

　　自己株式についてはこれを資産と考える立場（**資産説**）と資本控除と考える
立場（**資本控除説**）がある。

　　資産説とは，自己株式を取得したのみでは株式は失効しておらず自己株式を
他の有価証券と同様に換金性のある財産と考える立場である。

　　資本控除説とは，自己株式の取得は株主との間の資本取引であり，会社所有
者に対する会社財産の払い戻しの性格を有すると考える立場である。

　　このうち，現行制度では**資本控除説**が採用され，自己株式は貸借対照表上，
純資産の部の株主資本の末尾に控除する形式で表示される。

③　自己株式の会計処理

　　現行制度では自己株式の取得や処分は資本取引であると考えられており，他
の資本に関する取引（剰余金の処分や新株発行など）に準じた会計処理が採用
されている。

　　したがって，自己株式を金銭によって取得した場合の取得原価は，その取得
に要した支出額とし，取得に要した付随費用は取得原価に算入せず，損益計算
書の営業外費用として計上する。

　　また，自己株式を処分した場合，自己株式の処分の対価と自己株式の帳簿価
額との差額（自己株式処分差益または自己株式処分差損）は，**その他資本剰余
金**の増減として処理する。

```
［設例］自己株式の取得と処分
①　自己株式10株を一株100円で購入し，代金は手数料50円とともに現金で支
　払った。
（借）自 己 株 式　　1,000　　　　（貸）現　　　金　　1,000
　　　純資産の部の控除項目
　　　支 払 手 数 料　　 50　　　　　　現　　　金　　　 50
（注）自己株式の取得に係る付随費用は取得原価には算入せず，費用として処理する。
```

② 自己株式 10 株を一株 120 円で処分し，代金は現金預金で受け取った。

（借）現　金　預　金　　1,200　　　（貸）自　己　株　式　　1,000

その他資本剰余金　　200
自己株式処分差益

7. 現行制度における純資産（資本）の部の表示

　純資産（資本）の部の表示は，「貸借対照表の純資産の部の表示に関する会計基準」，会社法（会社計算規則），財務諸表等規則に従うと以下のようになる。

純 資 産 の 部

I　株主資本
　　1．資 本 金　　　　　　　　　　　　　　　　　　×××
　　2．新株式申込証拠金　　　　　　　　　　　　　　×××
　　3．資本剰余金
　　　（1）資本準備金^{（注1）}　　　　　　　　　　　×××
　　　（2）その他資本剰余金^{（注2）}　　　　　　　×××
　　　　　　　　　　　　　　　　　　資本剰余金合計　×××
　　4．利益剰余金
　　　（1）利益準備金　　　　　　　　　　　　　　　×××
　　　（2）その他利益剰余金
　　　　　任意積立金　　　　　　　　　　　　　　　×××
　　　　　繰越利益剰余金　　　　　　　×××　　　　×××
　　　　　　　　　　　　　　　　　　利益剰余金合計　×××
　　5．自 己 株 式　　　　　　　　　　　　　　　△×××
　　6．自己株式申込証拠金　　　　　　　　　　　　　×××
　　　　　　　　　　　　　　　　　　株主資本合計　　×××
II　評価・換算差額等
　　1．その他有価証券評価差額金　　　　　　　　　　×××
　　2．繰延ヘッジ損益　　　　　　　　　　　　　　　×××

```
　　　3．土地再評価差額金　　　　　　　　　　　　　　　×　×
　　　　　　　　　　　　評価・換算差額合計　　　　×　×
Ⅲ　　新株予約権　　　　　　　　　　　　　　　　　　×　×
　　　　　　　　　　　　　　純資産合計　　　　　×　×
```

（注１）　現行制度上では，株式払込剰余金，合併差益などは内訳は記載せず一括して「資本準備金」として記載する。

（注２）　その他資本剰余金には，自己株式処分差益などが含まれる。内訳は記載せず一括して「その他資本剰余金」として記載する

［純資産部の表示］

［参考］　新株式申込証拠金

株式会社が新株を発行して増資を行う場合には，以下の手続きを経ることになる。

① 新株引受の申込を受け，希望者から申込証拠金として 100 円受け取った。

（借）別　段　預　金　　100　　（貸）新株式申込証拠金　　100

② 新株式の払込期日が来たので会社法規定の最低限度額を資本金とした。

（借）新株式申込証拠金　　100　　（貸）資　本　金　　50
　　　　　　　　　　　　　　　　　　株式払込剰余金　　50
　　　当　座　預　金　　100　　　　別　段　預　金　　100

したがって，新株式の発行に対して払い込まれた金額は，貸借対照表には以下のように記載される。

【決算日】	【表示科目】	【表示区分】
申込期間中	新株式申込証拠金	流動負債
申込期日の翌日から払込期日の前日まで		資本金の次
払込期日	資本金または株式払込剰余金	資本金または資本準備金

Exercise

問題　資本に関する次の記述のうち，妥当なものはどれか。

1 資本のうち利益剰余金とは，資本準備金，利益準備金，任意積立金，繰越利益剰余金などをいう。

2 企業会計原則では，資本を資本金と剰余金とに区分することを要求しており，資本準備金，利益準備金はともに剰余金に含まれる。

3 増資を行った場合，原則として払込金額総額を資本金とするが，払込金額のうち2分の1を超えない額を資本金とせずに，株式申込証拠金とすることができる。

4 資本取引から生じた資本剰余金は，払込剰余金と評価替剰余金の2つに分けられる。

5 任意積立金は，不特定資産を任意に社内留保する項目であるが，引当金は，資産を留保する性質はない。

· ·

解説

1 誤。資本準備金は，資本剰余金である。

2 妥当な記述である。
企業会計原則では，資本を資本金と剰余金とに区分することを要求している。よって，資本準備金，利益準備金はともに剰余金に含まれることになる。

3 誤。株式申込証拠金ではなく，株式払込剰余金（資本準備金）とすることができる。

4 誤。資本取引から生じた資本剰余金は，払込剰余金，贈与剰余金と評価替剰余金の3つに分けられる。

5 誤。積立金と引当金は，ともに資産を社内留保する性質を有する。

解答　**2**

第4章

損益会計

企業は利益を追求することが目的です。本章では会計において，利益はどのような原則に基づいて計算されるのかを学びます。特に，利益の実現という概念をしっかり理解してください。

1 損益会計の基礎

現金主義と発生主義の長所，短所をしっかり理解してください。また，経過勘定がなぜ必要なのか，経過勘定がどのようなものかを理解してください。

1．損益会計の意義

損益計算書は，企業の利害関係者に対し，企業の「経営成績」を明らかにすることを目的として作成される財務諸表である。そして，損益計算は収益から費用を差し引いて計算されるが，では，収益および費用をいつ（認識），いくらで（測定）計上するのかが問題となる。

なお，財務会計の概念フレームワークによれば，収益とは，「純利益又は少数株主損益を増加させる項目であり，特定期間の期末までに生じた資産の増加や負債の減少に見合う額のうち，投資のリスクから解放された部分」と定義される。また，費用とは，「純利益又は少数株主損益を減少させる項目であり，特定期間の期末までに生じた資産の減少や負債の増加に見合う額のうち，投資のリスクから解放された部分」と定義される。

2．現金主義

費用と収益の認識に関する最も単純な方法は，収益は現金の収入が生じた期に，費用は現金の支出が生じた期に計上する方法である。これを**現金主義**という。現金主義によると，費用，収益の金額も明らかであるから，その測定も現金の収支額をもって行われる。

現金主義会計が妥当性を失った原因は，以下のとおりである。

① 信用経済制度の発展によって現金収支の時点と購入，販売の時点にタイムラグが生じるようになった。
② 棚卸資産の恒常在庫や固定資産の増大によって，現金の支出をもって費用を認識するのが適切でなくなった。

　このようなことにより，費用と収益の対応が図れなくなり，企業の業績評価を適正に行えなくなったのである。

3．発生主義

　発生主義は，費用，収益の認識を現金の収支時点と切り離して考え，一会計期間において「発生」したと合理的に認識，測定できる費用，収益はすべて期間損益とする考え方である。ここに，「発生」とは企業における経済価値の増加，減少をいう。たとえば，製造業においては原材料を投入し，これを加工して製品を製造し，販売することで対価を得るが，販売前の製品であっても材料と加工費の合計よりは価値が高まっているはずであり，その価値の増分を企業の経済活動の成果として認識し，期間利益とするのである。発生主義は企業の努力と成果を費用，収益として対応させて期間損益計算を行うという観点からはもっとも合理的なシステムである。しかし，発生主義は，特に収益の認識基準としては次のような問題点を生ずる。

① 　商品，製品の製造，保有段階でその価値増加分を収益として認識するのが発生主義であるが，その際の収益を，恣意性がなく多数の人々の合意が得られるような金額で測定することは困難である。すなわち，発生主義で計上される収益には**客観性**がない。

② 　発生主義によって収益を認識しても，その収益が本当に成果として獲得されるかは不確実である。たとえば，ある期に完成した製品の価値増加分を収益として認識したとしても，その製品が将来販売されて現金等を獲得できるのかは不明である。すなわち，発生主義で計上される収益には**確実性**がない。

損益会計

〈現金主義と発生主義〉

現金主義	発生主義
客観性・確実性という点で，もっともすぐれている	客観性・確実性に欠ける
適正な期間損益計算が，行えない 理由：①信用経済の発展 　　　②固定資産の増大	成果と努力を対応させて適正な期間損益計算を行うという点で，もっともすぐれている

4．時間基準－経過勘定－

　一定の契約のもとで継続的に役務の授受を行う場合，収益と費用の認識は時間の経過に基づいて行うのが合理的である。このような計上基準のことを時間基準という。時間基準は狭義の発生主義と位置づけられることがあるが，これは，時間基準が現金主義に対する批判としての発生主義として最初に提唱されたことによる。

---【経過勘定項目について】-----------------------------

（1）　前払費用

　前払費用は，一定の契約に従い，継続して役務の提供を受ける場合，いまだ提供されていない役務に対し支払われた対価をいう。従って，このような役務に対する対価は，時間の経過とともに次期以降の費用となるものであるから，これを当期の損益計算から除去するとともに貸借対照表の資産の部に計上しなければならない。また，前払費用は，かかる役務提供契約以外の契約等による前払金とは区別しなければならない。

（2）　前受収益

　前受収益は，一定の契約に従い，継続して役務の提供を行う場合，いまだ提供していない役務に対し支払を受けた対価をいう。従って，このような役務に対する対価は，時間の経過とともに次期以降の収益となるものであるから，これを当期の損益計算から除去するとともに貸借対照表の負債の部に計上しなければならない。また，前受収益は，かかる役務提供契約以外の契約等による前受金とは区別しなければならない。

（3）　未払費用

　未払費用は，一定の契約に従い，継続して役務の提供を受ける場合，すでに提供された役務に対していまだその対価の支払が終らないものをいう。従って，このような役務に対する対価は，時間の経過に伴いすでに当期の費用として発生しているものであるから，これを当期の損益計算に計上するとともに貸借対照表の負債の部に計上しなければならない。また，未払費用は，かかる役務提供契約以外の契約等による未払金とは

区別しなければならない。

（4） 未収収益

　未収収益は，一定の契約に従い，継続して役務の提供を行う場合，すでに提供した役務に対していまだその対価の支払を受けていないものをいう。従って，このような役務に対する対価は時間の経過に伴いすでに当期の収益として発生しているものであるから，これを当期の損益計算に計上するとともに貸借対照表の資産の部に計上しなければならない。また，未収収益は，かかる役務提供契約以外の契約等による未収金とは区別しなければならない。　　　　　　　　（「企業会計原則注解」注5）

［設例］

① （1） 前払費用と （2） 前受収益

　A社はB社に対して20X8年10月1日に1年分の家賃1,200円（20X8年10月1日から20X9年9月30日までの12か月分）を支払った。20X8年12月31日にA社，B社とも決算日をむかえた。

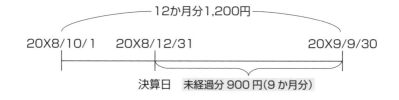

	A社の仕訳	B社の仕訳
20X8/10/1	支払家賃1,200／現　金1,200	現　金1,200／受取家賃1,200
20X8/12/31	前払費用 900／支払家賃 900 　　　流動資産	受取家賃 900／前受収益 900 　　　　　　　　流動負債

② （3） 未払費用と （4） 未収収益

　C社はD社から20X8年10月1日に現金1,000円を借り入れた。借入期間は1年（返済日は20X9年9月30日），利率は年12％（年120円）で，返済日に元

本とともに一括払いする契約である。20X8年12月31日にC社，D社とも決算日をむかえた。

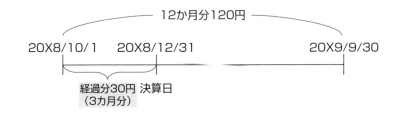

	C社の仕訳	D社の仕訳
20X8/10/1	現　　金1,000 /借 入 金1,000	貸 付 金1,000 /現　　金1,000
20X8/12/31	支払利息　　30 /未払費用　　30 　　　　　　　　　　　流動負債	未収収益　　30 /受取利息　　30 　流動資産

Exercise

問題　損益計算に関する次の記述のうち，妥当なものはどれか。

1 今日の信用経済制度の発展，固定資産の増大によって，現金主義会計は妥当性を失った。

2 発生主義による費用，収益の認識は，客観性，確実性という点で最も優れている。

3 発生主義は販売以前に収益を認識するため，企業の努力が収益に反映されないという点に問題がある。

4 前払費用は当期の損益計算に計上するとともに貸借対照表の負債の部に計上しなければならない。

5 現金主義とは，収益，費用をその収入額，支出額をもって測定する考え方である。

・・・

解説

1 妥当な記述である。

2 誤。発生主義には客観性，確実性がない。

3 誤。発生主義は販売以前の，例えば製造による価値の増加をもって収益を計上するので，製造という成果が収益として期間損益に反映される。

4 誤。前払費用は当期の損益計算から除去するとともに，貸借対照表の資産の部に計上しなければならない。

5 誤。現金主義とは，収益，費用を現金の収入，支出があった期間に認識する考え方である。「認識」と「測定」を混同しないように。

解答　1

2 収益会計

収益の認識は，なぜ実現主義を原則とするのかを現金主義，発生主義と比べて理解してください。また，具体的な販売形態ごとに実現の2要件を当てはめて考えてください。

1．実現主義

（1）実現主義の原則

┌─【実現主義の原則】─────────────────────────

　売上高は，実現主義の原則に従い，商品等の販売又は役務の給付によって実現したものに限る。　　　　　　　　（「損益計算書原則」三A・一部）

└────────────────────────────────────

┌─【未実現収益の除去】────────────────────────

　すべての費用及び収益は，その支出及び収入に基づいて計上し，その発生した期間に正しく割り当てられるように処理しなければならない。ただし，未実現収益は，原則として当期の損益計算に計上してはならない。

（「損益計算書原則」一A）

└────────────────────────────────────

　今日の制度会計上，収益の認識は原則として**実現主義**によって行う。実現主義とは，

　①企業外部の第三者に対する財貨または用役の提供

　②その対価としての現金同等物（現金または現金等価物）の受取り

　(注) 現金等価物とは，受取手形，売掛金などの貨幣性資産のことをいう。

という2要件を満たしたときに収益を認識する考え方である。この2要件は，通常の販売活動を分解したものに他ならない。したがって，実現主義の具体的適用として**販売基準**が一般に認められる。

　実現主義が採用されるのは，認識される収益に「**客観性**」，「**確実性**」を付与しようとする思考による。すなわち，現金主義によると客観性，確実性では優れているが，適正な期間損益計算を行えない。一方発生主義によると，努力と成果を対応させるという点では優れているが，計上される収益に客観性，確実

性が欠如している。そこで，ある程度の客観性，確実性を確保しつつ適正な期間損益計算を行うために発生主義を制限したものが実現主義である。

[参考]　実現可能性基準（広義の実現主義）

　近年，会計制度の改正により，例えば，「売買目的有価証券は時価で評価し，評価差額は当期の損益として処理」するといった会計処理がある。こうした処理の認識基準の解釈のひとつとして，実現主義を拡張してとらえる考え方がある。これを実現可能性基準という。実現可能性基準とは，実現した収益だけでなく，実現可能な収益をも収益として認識する考え方をいう。ここで「実現可能」とは，信頼できる算定可能な価格（時価）などで容易に売却することが可能な場合をいう。

　この考え方によれば，売買目的有価証券は，多数の投資家が売買を行う流動性の高い証券取引市場が存在しており，時価で売却することが容易に可能である。そのため，売買目的有価証券において生じた評価損益は実現可能であると考えられるため，時価評価を行い，評価差額は当期の損益として処理する。

[参考]　リスクからの解放

　上述の実現可能性基準など，近年，実現主義の解釈については様々な議論があった。こうした状況の中，企業会計基準委員会が2004年7月に公表した「討議資料：財務会計の概念的フレームワーク」では，実現主義という用語を用いず，収益の認識を「**リスクからの解放**」という概念で説明している。

　ここで，「リスクからの解放」とは「投資の成果がリスクから解放されること」をいい，「投資の成果がリスクから解放される」とは，「投資にあたって事前に期待されていた成果が事実として確定すること」をいう。例えば，商品などの事業投資についてはリスクに拘束されない独立の資産（現金・売掛金など）を取得した時点で投資のリスクから解放されると考えられる。

（注）平成30年に「収益認識に関する会計基準」が公表され，包括的な収益認識の規定が設けられることになった（後述）。

（2）本支店会計における内部利益の除去

【内部利益の意義と除去の方法】

　内部利益とは，原則として，本店，支店，事業部等の企業内部における独立した会計単位相互間の内部取引から生ずる**未実現の利益**をいう。

従って，会計単位内部における原材料，半製品等の振替から生ずる**振替損益**は内部利益ではない。

内部利益の除去は，本支店等の合併損益計算書において売上高から内部売上高を控除し，仕入高（又は売上原価）から内部仕入高（又は内部売上原価）を控除するとともに，期末棚卸高から内部利益の額を控除する方法による。これらの控除に際しては，合理的な見積概算額によることも差支えない。 （「企業会計原則注解」注11）

内部利益とは，具体的には，本支店間で商品を受払する際の振替価格に加算された利益である。内部利益が付された商品が本店又は支店の期末商品として存在している場合，内部利益は会社全体としては未実現であるため，その内部利益を調整する必要がある。

本支店会計における内部利益の処理は，本店・支店独自の利益を合算した上で①内部売上高及び内部仕入高を控除し，②期末商品に含まれている内部利益を控除し，③期首商品に含まれている内部利益を加算する。

[参考] **本支店会計**

本支店会計とは，本店及び支店を独立した会計単位ととらえ，本店及び支店の独立した業績を把握し，会社全体の財政状態や経営成績を報告する会計制度をいう。

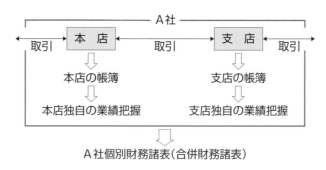

2．各種販売形態における収益の認識基準（企業会計原則）

（注）「収益認識に関する会計基準」は考慮外とする。

① 一般販売

　一般販売における収益の認識は，商品・製品などを引き渡した時点又は発送した時点で認識する**販売基準**による。販売基準は実現主義の原則の具体的適用例である。

［参考］　引渡基準・出荷基準・検収基準

　典型的な商品販売においては，①受注，②販売契約の締結，③商品の発送・出荷，④商品の引渡し（到着），⑤相手方による商品の検収，⑥売上代金の請求，⑦売上代金の回収という過程を経る。

　このうち，最も一般的な収益認識時点は④商品の引渡の時点であり，これを**引渡基準**という。また，③商品の発送・出荷の時点で収益を認識する基準を**出荷基準**，⑤相手方による商品の検収時に収益を認識する基準を**検収基準**といい，一般的な収益の認識時点である。

　なお，②販売契約の締結の時点で収益を認識する基準を**契約基準**，⑦売上代金の回収の時点で収益を認識する基準を**回収基準**という。

　契約基準は，売買契約の締結によって権利義務が生じるという意味で法理論上では合理的であるともいえるが，企業会計では，契約基準を商品販売の収益認識基準として採用していない。また回収基準は現金主義の具体的適用例であり，後述する割賦販売において例外的に認められている。

---

② 委託販売

　委託販売とは，商品の販売を他社など企業外部に委託する販売形態（代理店販売など）である。

［委託販売］

┌─【委託販売の収益認識基準】────────────────────┐

　委託販売については，受託者が委託品を販売した日をもって売上収益の実現の日とする。従って，決算手続中に仕切精算書（売上計算書）が到達すること等により決算日までに販売された事実が明らかとなったものについては，これを当期の売上収益に計上しなければならない。ただし，仕切精算書が販売のつど送付されている場合には，当該仕切精算書が到達した日をもって売上収益の実現の日とみなすことができる。

（「企業会計原則注解」注6（1）委託販売）

└────────────────────────────────┘

委託販売の収益認識について例外が認められるのは，受託者が委託品を販売した日を逐一把握するのは困難であるという実務上の要請によるものである。ただ，仕切精算書の到達日を操作することにより利益操作が行われることを排除するために「仕切精算書が販売のつど（日ごと，週ごと，月ごとなど）送付されている場合」に限り**仕切精算書到達日基準**が認められる。

③　試用販売

試用販売とは，得意先に一定の期間，商品の試用をさせ，その結果買い取るか否かの判断をしてもらう販売形態をいう。

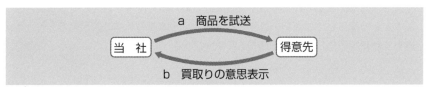

〈試用販売〉

┌─【試用販売の収益認識基準】────────────────────┐

　試用販売については，得意先が買取りの意思を表示することによって売上が実現するのであるから，それまでは，当期の売上高に計上してはならない。　　　　　　　　（「企業会計原則注解」注6（2）試用販売）

└────────────────────────────────┘

④　予約販売

予約販売とは，商品の販売について予約を受け，同時に販売代金の一部もし

くは全部の受領がなされ，その後で商品の引渡しが行われる販売形態をいう。

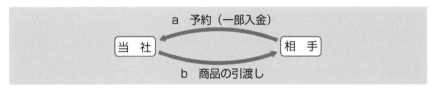

[予約販売]

【予約販売の収益認識基準】

　予約販売については，予約金受取額のうち，決算日までに商品の引渡し又は役務の給付が完了した分だけを当期の売上高に計上し，残額は貸借対照表の負債の部に記載して次期以降に繰延べなければならない。

（「企業会計原則注解」注6（3）予約販売）

⑤　割賦販売

　割賦販売とは，割賦販売契約に基づき販売代金を分割払いで回収する販売形態をいう。

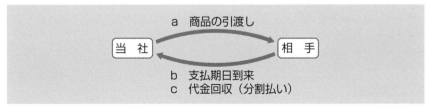

[割賦販売]

【割賦販売の収益認識基準】

　割賦販売については，商品等を引渡した日をもって売上収益の実現の日とする。

　しかし，割賦販売は通常の販売と異なり，その代金回収の期間が長期にわたり，かつ，分割払であることから代金回収上の危険率が高いので，貸倒引当金及び代金回収費，アフター・サービス費等の引当金の計上について特別の配慮を要するが，その算定に当っては，不確実性と煩雑さ

とを伴う場合が多い。従って，収益の認識を慎重に行うため，販売基準に代えて，割賦金の回収期限の到来の日又は入金の日をもって売上収益実現の日とすることも認められる。

（「企業会計原則注解」注6（4）割賦販売）

　企業会計原則によれば，割賦販売においても**販売基準**（引渡基準）を原則とするが，例外的に**回収期限到来基準，回収基準**が認められる。

　なお，回収期限到来基準は権利・義務発生主義の具体的適用例，回収基準は現金主義の具体的適用例である。

　平成30年に「収益認識に関する会計基準」が公表され，回収期限到来基準または回収基準による収益認識は認められないこととなった（後述）。

> **［参考］　権利・義務確定主義（半発生主義）**
>
> 　会計理論において現金主義から発生主義へ移行する過渡期の段階に採用された考え方を「半発生主義（権利・義務確定主義）」という。半発生主義は単に現金収支のみで収益・費用を認識する（現金主義）のではなく，現金収支に加えて将来受け取る権利（金銭債権）や将来支払う義務（金銭債務）の発生をもって収益・費用を認識する考え方をいう。この権利義務確定主義は現金主義よりも合理的であるが，減価償却費の計上，引当金の設定，経過勘定項目の計上などの要素が無視されている。

⑥　工事契約

　平成19年12月に企業会計基準委員会より「工事契約に関する会計基準」が公表され，**工事契約の収益認識に関する規定は変更される**ことになった。なお，同会計基準は平成21年4月1日から適用（ただし早期適用可）されている。

　1）工事契約の意義

> **【工事契約の意義】**
>
> 　「工事契約」とは，仕事の完成に対して対価が支払われる請負契約のうち，土木，建築，造船や一定の機械装置の製造等，基本的な仕様や作業内容を顧客の指図に基づいて行うものをいう。
>
> 　受注制作のソフトウェアについても，前項の工事契約に準じて本会計

基準を適用する。　　　　　　（「工事契約に関する会計基準」4・5・一部）

2）工事収益の収益認識基準

【工事契約の収益認識基準】

　工事契約に関して，工事の進行途上においても，その進捗部分について**成果の確実性**が認められる場合には**工事進行基準**を適用し，この要件を満たさない場合には**工事完成基準**を適用する。

　成果の確実性が認められるためには，次の各要素について，信頼性をもって見積ることができなければならない。

（1）工事収益総額

（2）工事原価総額

（3）決算日における工事進捗度

（「工事契約に関する会計基準」9）

要　　　件		認識基準
進捗部分について成果の確実性が	認められる場合	工事進行基準
	認められない場合	工事完成基準

（注）認識基準の判断基準に工事期間は含まれていないことから，工事期間が1年以下の請負工事についても進捗部分について成果の確実性が認められる場合には工事進行基準が適用される。

　なお，工事進行基準を適用する場合，発生した工事原価のうち，費用として損益計算書に計上されていない部分は未成工事支出金（仕掛品）として貸借対照表に計上される。

3）工事進行基準と工事完成基準の意義

【工事進行基準及び工事完成基準】

　「**工事進行基準**」とは，工事契約に関して，工事収益総額，工事原価総額及び決算日における工事進捗度を合理的に見積り，これに応じて当期の工事収益及び工事原価を認識する方法をいう。

　「**工事完成基準**」とは，工事契約に関して，工事が完成し，目的物の引

渡しを行った時点で，工事収益及び工事原価を認識する方法をいう。

（「工事契約に関する会計基準」6・（3）（4））

工事進捗度の見積もりについては一般に「原価比例法」が採用される。

【原価比例法】

「原価比例法」とは，決算日における工事進捗度を見積もる方法のうち，決算日までに実施した工事に関して発生した工事原価が工事原価総額に占める割合をもって決算日における工事進捗度とする方法をいう。

（「工事契約に関する会計基準」6（7））

[参考]　工事進行基準と工事完成基準

一般的に工事完成基準は実現主義の具体的適用例であるといわれ，工事進行基準は発生主義の具体的適用例であるといわれる。

工事完成基準を採用した場合，工事の完成・引渡までは収益が計上されないため，企業の配当政策や資金調達に支障をきたすことがある。また，工事契約（特に長期請負工事）においては，工事物件が完成すれば注文主に引き取られることが確実であり，また，その金額も当初の契約によって客観的に決まっているため工事進行基準を採用したとしても発生主義がもつ問題点（客観性・確実性がないなど）は一定程度は解消されていると考えることができる

4）工事損失引当金の計上

【工事損失引当金の計上】

工事契約について，工事原価総額等（工事原価総額のほか，販売直接経費がある場合にはその見積額を含めた額）が工事収益総額を超過する可能性が高く，かつ，その金額を合理的に見積ることができる場合には，その超過すると見込まれる額（以下「工事損失」という。）のうち，当該工事契約に関して既に計上された損益の額を控除した残額を，工事損失が見込まれた期の損失として処理し，工事損失引当金を計上する。

（「工事契約に関する会計基準」19）

（注）「工事損失引当金」の繰入額は売上原価（工事原価）に含め，「工事損失引当金」は貸借対照表の流動負債に計上する。ただし，同一の工事契約に関する棚卸資産（未成工事支出金）と「工事損失引当金」がともに計上される場合には相殺して表示することができる（「工事契約に関する会計基準」21 参照）。

[参考]　企業会計原則における規定

　従来の企業会計原則では「企業会計原則注解」注7において「長期の請負工事に関する収益の計上については，工事進行基準又は工事完成基準のいずれかを**選択適用**することができる（「企業会計原則注解」注7・一部)」としていた。

　しかし，こうした企業会計原則の規定では，同じような請負工事契約であっても，企業の選択により異なる収益認識基準が選択されるため財務諸表間の比較可能性が損なわれる可能性があるという問題点があった。

　そのため「工事契約に関する会計基準」では選択適用を取りやめることとなった。

　なお，企業会計原則では，工事進行基準とは，「決算期末に工事進行程度を見積り，適正な工事収益率によって工事収益の一部を当期の損益計算に計上する」基準，工事完成基準とは，「工事が完成し，その引渡が完了した日に工事収益を計上する」基準であると定義されていた。こうした定義は「工事契約に関する会計基準」と内容的にはほぼ同一である。

(注)　平成30年に「収益認識に関する会計基準」が公表され，工事契約に関する規定が大幅に変更となった（後述）。

[設例]　工事完成基準と工事進行基準の数値例による比較

　契約期間3年，契約代金150千円（見積総工事原価100千円）の工事を請け負った。

　この場合において，各期の費用の発生状況は次のようであった。

	着工1年目	着工2年目	着工3年目
発生費用の額	50千円	30千円	20千円

① 工事完成基準

	着工1年目	着工2年目	着工3年目
工事収益	0千円	0千円	150千円
工事原価	0千円	0千円	100千円
工事利益	0千円	0千円	50千円

② 工事進行基準

	着工1年目	着工2年目	着工3年目
工事収益	75千円	45千円	30千円
工事原価	50千円	30千円	20千円
工事利益	25千円	15千円	10千円

［工事進行基準の計算］

$$
\boxed{当期の工事収益} = 工事契約価格 \times \frac{実際工事原価}{見積総工事原価}
$$

↑
工事進行率

着工1年目　$150 \times \dfrac{50}{100}$（50%）= 75

　2年目　$150 \times \dfrac{30}{100}$（30%）= 45

　3年目　$150 \times \dfrac{20}{100}$（20%）= 30

⑦　収穫基準

　収穫基準とは，金・銀または公定価格のある農産物について，収穫が完了して販売しうるような状態になったときに収益を計上する基準である。これは，農産物の政府買入れ制度や貴金属の安定した市価の存在により販売価格が決まっており，また短期的にも販売されることが確実であることから認められている。

〈各種販売形態における収益の認識基準〉

販売形態	原　則	例　外
委託販売	・受託者が委託品を販売した日 （販売基準）	・仕切精算書が販売のつど送付される場合に限り，当該仕切精算書が到達した日 （仕切精算書到達日基準）
試用販売	・得意先が買取りの意思を表示した日 （販売基準）	
予約販売	・予約金受取額のうち，決算日までに商品の引渡しなどが完了した分 （販売基準）	
割賦販売	・商品などを引き渡した日 （販売基準）	・割賦金の回収期限の到来の日 （回収期限到来基準） ・割賦金の入金の日 （回収基準）
工事契約	成果の確実性が認められる場合　→工事進行基準 上記の要件を満たさない場合　　→工事完成基準	

（注）「収益認識に関する会計基準」は考慮外とする。

[参考]　収益認識に関する会計基準

　わが国の会計基準では，収益認識は実現主義の原則によるとされているが，これまで収益認識に関する包括的な会計基準は存在していなかった。一方，IFRS（International Financial Reporting Standards：国際財務報告基準）などでは，近年，包括的な収益認識の基準が公表されていた。

　こうした状況を踏まえ，我が国においても2018年（平成30年）3月30日に「収益認識に関する会計基準」が公表された。同基準は2021年4月1日以後開始する事業年度から適用される。ただし，2018年（平成30年）4月1日以後開始する事業年度などから早期適用することもできる。

　国税専門官・財務専門官試験において，「収益認識に関する会計基準」がいつの時点から出題されるかは不明であるが，改正のポイントを最低限おさえておくとよいだろう。

1. 収益認識の考え方

「収益認識に関する会計基準」では，売上などの収益を契約における「**履行義務を充足した時点**」で認識するものとしている。履行義務の充足とは，企業から顧客に対して，財・サービスに対する支配が移転することをいう。財・サービスに対する支配の移転には，①一時点で生じる場合（通常の物品の販売などの場合）と，②一定期間にわたり継続的に生じる場合（保守・メンテナンスサービスなどの場合）があり，①の場合には販売基準で収益が認識され，②の場合には工事進行基準のように，時間の経過や生産の進行に応じて収益が認識される。

2. 収益認識の5つのステップ（参考）

「収益認識に関する会計基準」では，収益認識するための5つのステップを示している。

＊ステップ1 顧客との契約を識別する

　　「収益認識に関する会計基準」は顧客と同意し，かつ，所定の要件を満たす契約に適用する

＊ステップ2 契約における履行義務を識別する

　　契約において顧客への移転を約束した財又はサービスが，所定の要件を満たす場合には別個のものであるとして，当該約束を履行義務として区分して識別する。

＊ステップ3 取引価格を算定する

　　変動対価（注）又は現金以外の対価の存在を考慮し，金利相当分の影響及び顧客に支払われる対価について調整を行い，取引価格を算定する。

　　　（注）変動対価とは，顧客から受け取る対価のうち，売上値引，売上割戻などで変動する可能性のある部分をいう。

＊ステップ4 契約における履行義務に取引価格を配分する

　　契約において約束した別個の財又はサービスの独立販売価格の比率に基づき，それぞれの履行義務に取引価格を配分する。独立販売価格を直接観察できない場合には，独立販売価格を見積る。

＊ステップ5 履行義務を充足した時または充足するにつれて収益を認識する

　　約束した財又はサービスを顧客に移転することにより履行義務を充足した時に又は充足するにつれて，充足した履行義務に配分された額で収益を認識する。履行義務は，所定の要件を満たす場合には一定の期間にわたり充足され，所定の要件を満たさない場合には一時点で充足される。

3．割賦販売の収益認識における回収期限到来基準及び回収基準の廃止

　企業会計原則では，割賦販売については，原則として販売基準によるが，例外として回収期限到来基準または回収基準が認められてきた。

　しかし，割賦販売について「収益認識に関する会計基準」を適用した場合，商品引き渡し時に履行義務が充足されることとなるため，**回収期限到来基準または回収基準による収益認識は認められず，販売基準のみが認められると考えられる。**

4．工事契約の収益認識

　企業会計原則では，工事進行基準又は工事完成基準の選択適用を認めていた。

　それに対して「工事契約に関する会計基準」では，その進捗部分について成果の確実性が認められる場合には工事進行基準を適用し，この要件を満たさない場合には工事完成基準を適用する，としてきた。

　しかし，「収益認識に関する会計基準」の適用により，「工事契約に関する会計基準」などは廃止され，**履行義務が一定の期間にわたり充足されるものと判定された場合には，従来の工事完成基準の適用は認められなくなると考えられる。**

　なお，工事契約について，契約における取引開始日から完全に履行義務を充足すると見込まれる時点までの期間が非常に短い場合には，一定期間にわたり収益を認識せず，完全に履行義務を充足した時点で収益を認識することができるため，結果的に従来の工事完成基準と同様になる場合もあると考えられる。

3．収益の測定

　収益の測定とは，収益の金額を決定することである。

〈測定基準〉

　すべての収益は，その収入に基づいて計上する。これを**収支額基準**という。

　なお，ここでいう収入とは，過去の収入，当期の収入，将来の収入のすべてが含まれる。

損益会計

171

前期（過去）	当期	次期（将来）
現金 10／前受金 10 ⇒	過去　前受金 10／売上 10	
	当期　現　金 10／売上 10	
	将来　売掛金 10／売上 10	⇒現金 10／売掛金 10

［過去・当期・将来の収入］

4．実現主義と取得原価主義

　資産の評価基準である**取得原価主義**は，資産をその取得原価で評価する考え方である。取得原価主義によると，資産の取得後は当該資産の時価が上昇して資産の評価益が生じたとしても，資産の貸借対照表価額は取得原価のまま据え置くことで**未実現利益**の計上が回避され，その資産が売却された時点で評価益が認識されることになる。これは資産が外部に売却された時点で収益を認識する**実現主義**に他ならない。したがって，資産の評価基準である取得原価主義と，収益の認識基準である実現主義は**表裏一体の関係**にある。

Exercise

> **問題** 収益の認識に関する次の記述のうち，妥当なものはどれか。なお，「収益認識に関する会計基準」は考慮外とする。

1 委託販売において，仕切精算書が販売のつど送付される場合には原則として仕切精算書が到達した日をもって収益を認識する。

2 試用販売においては，得意先に商品を引き渡した時点で収益を認識することができる。

3 予約販売において，予約金受取額のうち決算日までに商品の引渡しがなされない部分は，貸借対照表の負債の部に計上して次期以降に繰り延べなければならない。

4 内部利益とは，原則として，本店，支店，事業部等の企業内部における独立した会計単位相互間の内部取引から生ずる未実現の利益をいう。従って，会計単位内部における原材料，半製品等の振替から生ずる振替損益は内部利益である。

5 「工事契約に関する会計基準」によれば，工事契約の収益認識については，工事完成基準のみ採用することができ，工事進行基準を採用することはできない。

• •

解説

1 誤。仕切精算書到達日基準は原則ではなく，容認規定である。

2 誤。試用販売では，得意先の買取りの意思表示があった時点で収益を認識する。それ以外の収益の認識基準は認められない。

3 妥当な記述である。
予約金は将来商品を引き渡すべき義務を表すので，負債となる。

4 誤。振替損益は内部利益ではない。

5 誤。「工事契約に関する会計基準」によれば，成果の確実性が認められる場合には工事進行基準を適用する。

解答 **3**

3 費用会計

ここでは費用収益対応の原則が重要です。発生主義会計のもとで期間損益計算がどのように行われているのかを理解してください。

1. 発生主義会計の構造

前節までで，今日の期間損益計算は現金主義会計から進化した発生主義会計によって行われるものの，収益の認識については客観性，確実性の見地から発生主義を制約した実現主義によって行われていることをみてきた。したがって，今日の期間損益計算の構造は，次のようになる。

期間損益＝期間実現収益－期間発生費用

このように，収益は実現主義により，費用は発生主義により認識される今日の期間損益計算を総称して「**発生主義会計**」とよぶ（ただし，純粋に費用，収益ともに発生主義によって認識する会計システムを発生主義会計とよぶ場合もあるので，注意が必要である）。

2. 費用収益対応の原則

今日の期間損益計算においては，収益は実現主義により認識されるものの，費用は発生主義により認識される。このように，費用と収益の認識基準が異なるために，企業活動によって生み出される成果たる収益と，成果獲得のために犠牲となった努力たる費用を対比させて正味成果としての期間損益を計算するためには，費用と収益の間に何らかの因果関係を見いだすことが必要となる。その際に作用するのが，**費用収益対応の原則**である。すなわち，費用収益対応の原則とは，当期の実現収益に対応するものとして期間費用を据えて，両者の差額である期間利益が，正味成果としての性格をもつことを規定する原則である。具体的には，まず当期の発生収益のうち実現収益が期間収益として確定し，一方発生費用のうち費用収益対応の原則によって期間収益に対応するもの

を選び出してこれを期間費用とし，他の費用は次期以降の収益と対応させるために資産として繰り延べるのである。

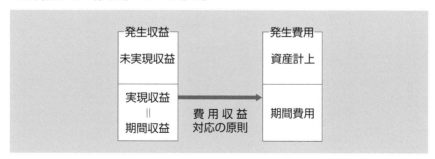

［費用収益対応の原則］

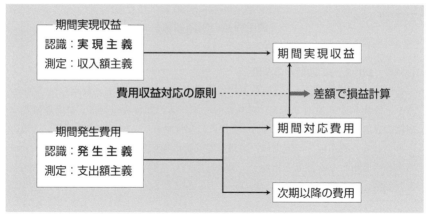

［損益会計のまとめ］

　費用収益対応の類型として，個別的対応（直接的対応）と期間的対応（間接的対応）がある。

　　①**個別的対応**…売上高と売上原価の関係のように，その収益と費用とが，商品または製品を媒介とする対応である。

　　②**期間的対応**…売上高と販売費及び一般管理費の関係のように，会計期間それ自体を唯一の媒介として行われる対応である。

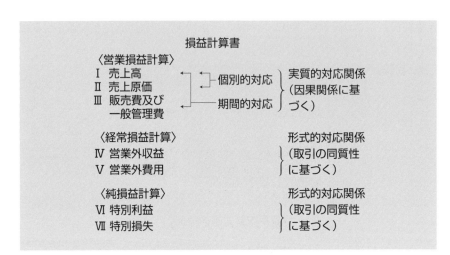

[費用収益の対応関係]

[参考]　費用配分の原則との関係

　費用収益対応の原則は，実現収益にこれを獲得するのに要した費用を対応させることを指示する原則である。それに対して，費用配分の原則は，資産原価を，当期の費用と次期以降に繰り延べる費用とに配分することを指示する原則である。

　すなわち，費用配分の原則は，費用収益対応の原則に基づいて，資産原価のうち当期の費用となる部分を把握し，資産原価から当期費用額を控除した残額を将来の費用として配分する原則ととらえることができる。

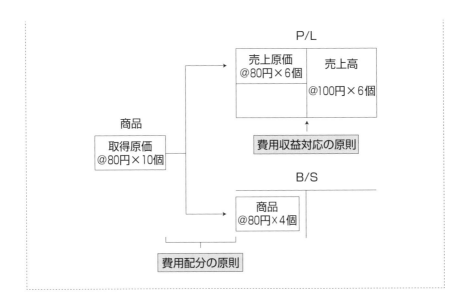

3．費用の測定

　費用の測定とは，費用の金額を決定することである。

〈測定基準〉

　すべての費用は，その支出に基づいて計上する。これを**収支額基準**という。

　なお，ここでいう支出とは，過去の支出，当期の支出，将来の支出のすべてが含まれる。

前期（過去）	当期	次期（将来）
前払金 10／現金 10 ⇒	過去　仕入 10／前払金 10	
	当期　仕入 10／現　金 10	
	将来　仕入 10／買掛金 10	⇒買掛金 10／現金 10

[過去・当期・将来の支出]

4. 損益計算のまとめ

---【費用・収益の認識と測定】---

　すべての費用及び収益は，その支出及び収入に基づいて計上し，その発生した期間に正しく割当てられるように処理しなければならない。ただし，未実現収益は，原則として，当期の損益計算に計上してはならない。

(「企業会計原則」損益計算書原則一A・一部)

　この文言の意味を説明すると，まず「支出及び収入に基づいて計上し」とは，費用および収益の測定にあたっては**収支額基準**を採用することを意味する。また，「発生した期間に正しく割り当てられるように処理」とは，費用および収益の認識にあたって**発生主義**を採用することを意味する。ただし，認識される収益に客観性と確実性を付与するために，「未実現収益は，原則として，当期の損益計算に計上してはならない」として，収益の認識は**実現主義**によって行うこととしたのである。

Exercise

問題① 損益計算に関する次の記述のうち，妥当なものはどれか。なお，「収益認識に関する会計基準」は考慮外とする。

1 損益計算における費用および収益の認識に関する原則には発生主義と実現主義があるが，発生主義は実現主義の例外として認められる。

2 収益を認識する基準の実現主義は，具体的には販売基準として適用されているが，ここでいう販売とは所有権の移動と同じ意味であると解される。

3 費用収益対応の原則とは，一会計期間に認識された収益とこれを獲得するために要した一切の費用とを対応させることにより，正しい期間損益を計算しようとするものである。

4 実現主義によれば，「未実現収益は，これを原則として当期の損益計算に計上しなくてはならない」としている。

5 収益は現金が収入された時点で，費用は現金が支払われた時点で計上するという現金主義は，企業の経済活動を現金の収支という観点からとらえた方法で，他の方法より優れている。

....

解説

費用・収益に関する問題で，損益会計の基礎的知識が問われている問題である。

1 誤。損益計算における収益の認識に関する原則には発生主義と実現主義があるが，一般に費用の認識に関する原則に実現主義はないと解されている。

2 誤。実現主義における販売とは，財貨または用役を引き渡し，その代価として貨幣性資産を受領することであり，所有権移転という意味と同じではない。

3 妥当な記述である。
費用収益対応の原則とは，1会計期間に認識された収益とこれを獲得するために要した一切の費用とを対応させることにより，正しい期間損益を計算しようとするものである。

4 誤。実現主義によれば，未実現収益は，これを原則として当期の損益計算に計上してはならないとしている。

5 誤。収益は現金が収入された時点で，費用は現金が支払われた時点で計上するという現金主義は，今日の経済環境の下では企業の経済活動を正しく反映しない。

解答 3

損益会計

179

問題② 損益計算に関する次の記述のうち，妥当なものはどれか。

1 発生主義により認識された費用は，期間費用としてそのまま当期の収益と対応させることになる。

2 収益の発生主義での認識は，収益が生産過程で発生するものとし，投下資金の早期回収を促すものであり，収益性の高い企業においては合理的な収益の認識基準であり，原則的な手法である。

3 現金主義による費用および収益の認識は，その計算の単純で確実性を伴うことから，現在も一部で採用されている。

4 費用および収益の認識は，原則として実現主義により行われる。これは，処分可能利益の確保を根拠としている。

5 発生主義による収益の認識は，その対価が処分可能ではないので，現行の会計制度では認められない。

• •

解説

費用・収益に関する問題で，前問と同様，損益会計の基礎的知識が問われている問題である。

1 誤。発生主義により認識された費用は，費用収益対応の原則により，当期の費用となるものが抜き出され，当期の収益と対応させられることになる。

2 誤。収益の発生主義での認識は，一部で認められているだけであり，収益の認識基準は実現主義を原則とする。なお，企業の収益性の高低と発生主義の合理性とは関係がない。

3 妥当な記述である。
現金主義による費用および収益の認識は，その計算が単純で確実性を伴うことから，零細企業等で採用される。

4 誤。費用の認識は，発生主義により行われる。

5 誤。発生主義による収益の認識は，現行の会計制度では一部で限定的に認められている。

解答 **3**

180

第5章

財務諸表

第4章までで損益計算書，貸借対照表にはどのような項目が計上され，その金額はどのように決定されるのかを学習してきましたが，本章ではそれをどのように財務諸表に表示するのかを学びます。また，損益計算書，貸借対照表以外の財務諸表についても概略のみ知っておきましょう。

損益計算書

外部報告用の損益計算書がどのような原則に従って作成されているのかを理解してください。損益計算書のフォームも，ある程度覚えてください。

1．損益計算書の本質

【損益計算書の本質】

　損益計算書は，企業の経営成績を明らかにするため，一会計期間に属するすべての収益とこれに対応するすべての費用とを記載して経常利益を表示し，これに特別損益に属する項目を加減して当期純利益を表示しなければならない。 （「企業会計原則」損益計算書原則一）

　ここに，一会計期間に属するすべての費用，収益とは，正常な費用，収益であり，異常なもの，前期損益修正項目といった特別損益は除く。

2．損益計算書作成に関する考え方

① 当期業績主義

　当期業績主義とは，一会計期間に生じた正常な費用，収益のみから損益計算書を作成，表示しようとする考え方である。これは，一会計期間の企業活動の良否判断の指標としての機能を果たしうる利益を計算し，**経常的な収益力**を表示することが損益計算書の役割であると考えるのである。したがって，経常的な収益力に関係のない期間外損益は利益剰余金計算書に記載されることになる。

② 包括主義

　包括主義とは，一会計期間に生じたすべての費用，収益から損益計算書を作成，表示しようとする考え方である。これは，**処分可能利益**の増分を計算，表示することが損益計算書の役割であると考えるのである。したがって，期間外

損益という概念は存在せず，分配可能利益に影響するすべての費用，収益が損益計算書に計上される。

③　現行の企業会計原則における損益計算書は，特別損益も記載することから，形式的には包括主義の立場を採用しているが，当期業績主義に基づく利益である経常利益も表示することから，実質的には**当期業績主義と包括主義を併合した形の損益計算書**となっている。

〈当期業績主義と包括主義〉

	当期業績主義	包括主義
重視する利益の性質	尺度性	分配可能性
期間損益の構成要素	経常的項目のみ	臨時的・偶発的なもの，過年度損益修正も含めたすべての項目
損益計算書の役割	正常収益力を明らかにすること	分配可能利益の増分を明らかにすること

3．損益計算書の様式

（1）無区分損益計算書と区分損益計算書

　無区分損益計算書は，損益計算書に収益および費用をそれぞれ一括して記載し，総収益と総費用の差額として純損益を表示するものである。これに対して，区分損益計算書は収益と費用をその発生原因に従っていくつかに区分し，その原因別に収益と費用を対応表示するものである。

無区分損益計算書			区分損益計算書（報告式）		
収　　　益	118	I	売　　上　　高	100
費　　　用	84	II	売　上　原　価	40
当　期　純　利　益	34	III	売　上　総　利　益	60
		IV	販売費及び一般管理費	35
			営　業　利　益	25
		V	営　業　外　収　益	10
		VI	営　業　外　費　用	5
			経　常　利　益	30
		VII	特　別　利　益	8
		VIII	特　別　損　失	4
			当　期　純　利　益	34

［無区分損益計算書と区分損益計算書］

（2）勘定式と報告式

　勘定式は，貸方に収益項目，借方に費用項目を記載するものである。これに対して，売上高から順次下の方に各項目を並べていくのが報告式である。

勘定式損益計算書		
売上原価	40	売上高　　100
販管費	35	営業外収益　10
営業外費用	5	特別利益　　8
特別損失	4	
当期純利益	34	
	118	118

	報告式損益計算書	
Ⅰ	売　　上　　高	100
Ⅱ	売　上　原　価	40
Ⅲ	売上総利益	60
Ⅳ	販　　管　　費	35
	営　業　利　益	25
Ⅴ	営　業　外　収　益	10
Ⅵ	営　業　外　費　用	5
	経　常　利　益	30
Ⅶ	特　別　利　益	8
Ⅷ	特　別　損　失	4
	当　期　純　利　益	34

［勘定式損益計算書と報告式分損益計算書］

4．損益計算書の作成原則

（1）総額主義の原則

【総額主義の原則】

　費用及び収益は，総額によって記載することを原則とし，費用の項目と収益の項目とを直接に相殺することによってその全部又は一部を損益計算書から除去してはならない。　　（「企業会計原則」損益計算書原則一B）

　このような総額主義は，総額で表示することで**取引規模を明瞭に表示**するために採用されている。ただし，例外として次の2つなどがある。

①　売上高・仕入高

　売上高・仕入高は，総売上高・総仕入高から値引・割戻・戻りを控除した純額による表示がなされる。

　為替差益・為替差損は，相殺していずれか一方の純額による表示がなされる。その他，有価証券の評価損益や売却損益なども純額による表示がなされる。

（2）費用収益対応表示の原則

┌─【費用収益対応表示の原則】─────────────────────
│
│　費用及び収益は，その発生源泉に従って明瞭に分類し，各収益項目と
│それに関連する費用項目とを損益計算書に対応表示しなければならない。
│
│　　　　　　　　　　　　　　　（「企業会計原則」損益計算書原則一Ｃ）
└──────────────────────────────────────

　費用と収益の対応の類型としては，売上高と売上原価のように個別的，直接的な因果関係に基づく対応（個別的対応），売上高と販売費及び一般管理費のように期間的，間接的な因果関係に基づく対応（期間的対応），営業外収益と営業外費用（たとえば受取利息と支払利息）のように，取引の同質性による対応がある。

（3）区分表示の原則

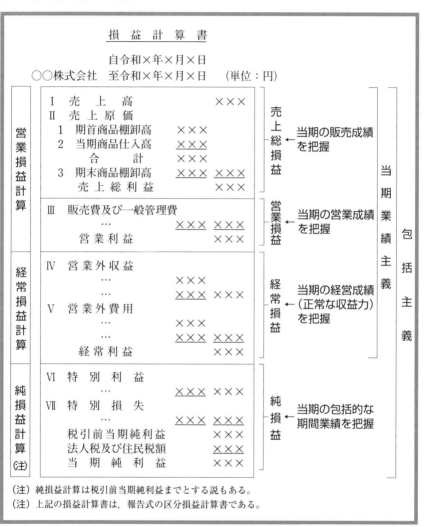

[損益計算書のひな型]

① 損益計算書の区分

┌─**【損益計算書の区分】**────────────────────────────

　損益計算書には，営業損益計算，経常損益計算及び純損益計算の区分を設けなければならない。

A　営業損益計算の区分は，当該企業の営業活動から生ずる費用及び収益を記載して，営業利益を計算する。

　　二つ以上の営業を目的とする企業にあっては，その費用及び収益を主要な営業別に区分して記載する。

B　経常損益計算の区分は，営業損益計算の結果を受けて，利息及び割引料，有価証券売却損益その他営業活動以外の原因から生ずる損益であって特別損益に属しないものを記載し，経常利益を計算する。

C　純損益計算の区分は，経常損益計算の結果を受けて，前期損益修正額，固定資産売却損益等の特別損益を記載し，当期純利益を計算する。

D　純損益計算の結果を受けて，前期繰越利益等を記載し，当期未処分利益を計算する。　　　　　　　　　　（「企業会計原則」損益計算書原則二）

└──────────────────────────────────────

(注) 現行制度では，損益計算書の最終値は当期純利益であるため，Dの規定にあるような計算は行わない。

② 営業損益計算

┌─**【営業利益】**──────────────────────────────────

　営業損益計算は，一会計期間に属する売上高と売上原価とを記載して売上総利益を計算し，これから販売費及び一般管理費を控除して，営業利益を表示する。

A　企業が商品等の販売と役務の給付とをともに主たる営業とする場合には，商品等の売上高と役務による営業収益とは，これを区別して記載する。

└──────────────────────────────────────

C　売上原価は，売上高に対応する商品等の仕入原価または製造原価で
あって，商業の場合には，期首商品たな卸高に当期商品仕入高を加え，
これから期末商品たな卸高を控除する形式で表示し，製造工業の場合
には，期首製品たな卸高に当期製品製造原価を加え，これから期末製
品たな卸高を控除する形式で表示する。

D　売上総利益は，売上高から売上原価を控除して表示する。
　役務の給付を営業とする場合には，営業収益から役務の費用を控除
して総利益を表示する。

F　営業利益は，売上総利益から販売費及び一般管理費を控除して表示
する。販売費及び一般管理費は，適当な科目に分類して営業損益計算
の区分に記載し，これを売上原価及び期末たな卸高に算入してはなら
ない。ただし，長期の請負工事については，販売費及び一般管理費を
適当な比率で請負工事に配分し，売上原価及び期末たな卸高に算入す
ることができる。　　　　　　　（「企業会計原則」損益計算書原則三・一部）

③　経常損益計算

【営業外損益】

営業外損益は，受取利息及び割引料，有価証券売却益等の営業外収益
と支払利息及び割引料，有価証券売却損，有価証券評価損等の営業外費
用とに区分して表示する。　　　　　（「企業会計原則」損益計算書原則四）

【経常利益】

経常利益は，営業利益に営業外収益を加え，これから営業外費用を控
除して表示する。　　　　　　　　　（「企業会計原則」損益計算書原則五）

財務諸表

④ 純損益計算および損益計算書末尾

【特別損益】

特別損益は，前期損益修正益，固定資産売却益等の特別利益と前期損益修正損，固定資産売却損，災害による損失等の特別損失とに区分して表示する。 (「企業会計原則」損益計算書原則六)

【特別損益項目】

特別損益に属する項目としては，次のようなものがある。

（1）臨時損益

 イ　固定資産売却損益

 ロ　転売以外の目的で取得した有価証券の売却損益

 ハ　災害による損失

（2）前期損益修正^(注)

 イ　過年度における引当金の過不足修正額

 ロ　過年度における減価償却の過不足修正額

 ハ　過年度におけるたな卸資産評価の訂正額

 ニ　過年度償却済債権の取立額

なお，特別損益に属する項目であっても，**金額の僅少なもの又は毎期経常的に発生するもの**は，経常損益計算に含めることができる。

(「企業会計原則注解」注12)

(注) 平成21年に「会計上の変更及び誤謬の訂正に関する会計基準」が設定されたことにより，従来，「特別損益」に表示していた「前期損益修正」に関する項目（上記規定の（2））は「特別損益」に表示しないこととなった。こうした項目は，「計上時の見積り誤り」に起因する場合には「過去の誤謬」に該当するため「修正再表示（過去の財務諸表の修正）」し，また，「当期中の状況の変化」により見積りの変更があった場合には，科目の性質に応じて「営業損益」または「営業外損益」として表示する。

【税引前当期純利益】

税引前当期純利益は，経常利益に特別利益を加え，これから特別損失を控除して表示する。 (「企業会計原則」損益計算書原則七)

【当期純利益】

　　当期純利益は，税引前当期純利益から当期の負担に属する法人税額，住民税額等を控除して表示する。　　　（「企業会計原則」損益計算書原則八）

【法人税等の追徴税額などについて】

　　法人税等の更正決定等による追徴税額及び還付税額は，税引前当期純利益に加減して表示する。この場合，当期の負担に属する法人税額等とは区別することを原則とするが，重要性の乏しい場合には，当期の負担に属するものに含めて表示することができる。（「企業会計原則注解」注13）

【当期未処分利益】

　　当期未処分利益は，当期純利益に前期繰越利益，一定の目的のために設定した積立金のその目的に従った取崩額，中間配当額，中間配当に伴う利益準備金の積立額等を加減して表示する。

（「企業会計原則」損益計算書原則九）

（注）現行制度では，損益計算書の最終値は当期純利益であるので，上記のような当期未処分利益の計算は行われない。

財務諸表

Exercise

問題①　損益計算書に関する次の記述のうち，妥当なものはどれか。

1 損益計算書に計上する費用，収益は総額で記載しなければならず，費用と収益を相殺することは一切認められない。

2 企業会計原則によると，損益計算書には一会計期間に属するすべての収益とすべての費用とを記載して経常利益を表示するのであるから，当期業績主義を採用している。

3 企業会計原則によれば，特別損益に属する項目であっても，金額の僅少なものまたは毎期経常的に発生するものは，経常損益計算に含めることができる。

4 企業会計原則では，無区分損益計算書を採用している。

5 営業損益計算の区分では，売上高から売上原価を差し引いて営業損益を表示する。

．．．

解説

1 誤。売上，仕入の値引，割戻，戻りおよび為替差損益等については純額によって記載される。

2 誤。企業会計原則は包括主義および当期業績主義を併合した立場に立つ。

3 妥当な記述である。

4 誤。企業会計原則は区分損益計算書を採用している。

5 誤。営業損益計算の区分では売上高から売上原価を差し引いて売上総利益を表示し，売上総利益から販売費及び一般管理費を差し引いて営業利益を表示する。

解答　3

問題②　以下の残高試算表および期末修正事項に基づき算定される当期純利益として，妥当なのはどれか。

残高試算表　　　　　（単位：円）

勘定科目	借　方	貸　方
現　金　預　金	50,000	
受　取　手　形	60,000	
売　　掛　　金	40,000	
繰　越　商　品	70,000	
建　　　　　物	600,000	
土　　　　　地	165,500	
支　払　手　形		50,000
買　　掛　　金		90,000
貸　倒　引　当　金		2,000
建物減価償却累計額		384,000
資　　本　　金		379,000
仕　　　　　入	300,000	
売　　　　　上		415,000
給　　　　　料	30,000	
保　　険　　料	2,000	
広　　告　　料	2,500	
	1,320,000	1,320,000

（期末修正事項）
（1）　受取手形と売掛金の残高に対して5％の貸倒引当金を設定する。
（2）　建物について減価償却を行う。残存価額は取得原価の10％，耐用年数は45年，償却率は5％とし，定率法で行う。
（3）　期末商品棚卸高は次のとおりである。当社は，低価法を採用している。
　　　帳簿棚卸数量　1,200 個　実地棚卸数量　1,100 個　原価　＠ 60 円　時価 ＠ 50 円
（4）　保険料の未払分が 500 円ある。
（5）　広告料の前払分が 900 円ある。

1　49,400 円
2　50,300 円
3　51,200 円
4　52,100 円
5　53,000 円

解説

・決算整理仕訳（単位：円）

（1）貸倒引当金の設定

　　資料には，洗替法と差額補充法のどちらを用いるのか指示がないが，どちらを用いても当期純利益に与える影響は同じであるので，どちらを用いてもよい。ここでは，差額補充法によることにする。

　　貸倒引当金繰入額 =（60,000 円 + 40,000 円）× 0.05 − 2,000 円 = 3,000 円

　　（借）貸倒引当金繰入　　3,000　　　　（貸）貸 倒 引 当 金　　3,000

（2）減価償却

　　減価償却費 =（600,000 円 − 384,000 円）× 0.05 = 10,800 円

　　（借）建物減価償却費　　10,800　　　　（貸）建物減価償却累計額　　10,800

（3）売上原価の算定・棚卸減耗

　　帳簿棚卸高 = 1,200 個 × @ 60 円 = 72,000 円

　　売上原価 = 70,000 円 + 300,000 円 − 72,000 円 = 298,000 円

　　棚卸減耗費 =（1,200 個 − 1,100 個）× @ 60 円 = 6,000 円

　　商品評価損 = 1,100 個 ×（@ 60 円 − @ 50 円）= 11,000 円

　　（借）仕　　　　　　入　　70,000　　　　（貸）繰 越 商 品　　70,000

　　（借）繰 越 商 品　　72,000　　　　（貸）仕　　　　　　入　　72,000

　　（借）棚 卸 減 耗 費　　6,000　　　　（貸）繰 越 商 品　　6,000

　　（借）商 品 評 価 損　　11,000　　　　（貸）繰 越 商 品　　11,000

（4）未払保険料

　　保険料 = 2,000 円 + 500 円 = 2,500 円

　　（借）保 険 料　　500　　　　（貸）未 払 保 険 料　　500

（5）前払広告料

　　広告料 = 2,500 円 − 900 円 = 1,600 円

　　（借）前 払 広 告 料　　900　　　　（貸）広 告 料　　900

・当期純利益の算定

損益計算書

自令和×年×月×日　　至令和×年×月×日　　（単位：円）

売　上　原　価	298,000	売　　　　上　　415,000
給　　　　料	30,000	
保　　険　　料	2,500	
広　　告　　料	1,600	
貸倒引当金繰入	3,000	
建物減価償却費	10,800	
棚　卸　減　耗　費	6,000	
商　品　評　価　損	11,000	
当　期　純　利　益	52,100	
	415,000	415,000

∴当期純利益は収益合計 415,000 −費用合計 362,900 円＝ 52,100 円となる。

解答 4

2 貸借対照表

貸借対照表がどのようにして作成されるのか，また，資産は制度上
どのように分類されるのかを理解してください。

1．貸借対照表の本質

貸借対照表は，企業の財政状態を明らかにするものである。

ここで，財政状態とは，企業資本の調達源泉とそれらの資本の運用形態との
状態をいう。

[貸借対照表]

なお，本節では「資本」はすべて「純資産」と同義と考えてよい（資本と純
資産の違いについては，本テキスト第3章第2節を参照のこと）。

2．貸借対照表の作成原則

（1）貸借対照表完全性の原則

┌─【貸借対照表の記載内容】─

　貸借対照表は，企業の財政状態を明らかにするため，貸借対照表日における すべての資産，負債及び資本（純資産）を記載し，株主，債権者その他の利害関係者にこれを正しく表示するものでなければならない。ただし，正規の簿記の原則に従って処理された場合に生じた簿外資産及び簿外負債は，貸借対照表の記載外におくことができる。

（「企業会計原則」貸借対照表原則一　一部変更）

　これは，貸借対照表日（決算日）に保有するすべての資産，負債および資本（純資産）を漏れなく完全に，貸借対照表に記載すべきことを要求するものである。ただし，簿外資産，簿外負債を絶対に許さないわけではなく，「正規の簿記の原則に従って処理された場合に生じた簿外資産及び簿外負債は，貸借対照表の記載外におくことができる」ことに注意しなければならない。

　すなわち，「重要性の原則」を適用した場合の「重要性の乏しいもの」については，計上しなくても正規の簿記の原則にしたがった処理と考えられ，真実性の原則には反しないと考えられる。

　ただし，架空資産，架空負債はいかなる場合にも認められない。

（2）区分表示の原則

```
                    貸借対照表
○○株式会社      令和×年×月×日      （単位：円）
                    資産の部
Ⅰ　流動資産                              ×××
Ⅱ　固定資産
　1．有形固定資産            ×××
　2．無形固定資産            ×××
　3．投資その他の資産        ×××        ×××
```

財務諸表

```
  Ⅲ  繰延資産                        × × ×
          資産合計                    × × ×
                    負債の部
  Ⅰ  流動負債                        × × ×
  Ⅱ  固定負債                        × × ×
          負債合計                    × × ×
                   純資産の部
  Ⅰ  株主資本
    1．資本金                        × × ×
    2．資本剰余金
    （1）資本準備金                   × × ×
    （2）その他資本剰余金             × × ×
    3．利益剰余金
    （1）利益準備金                   × × ×
    （2）その他利益剰余金
        任意積立金         × × ×
        繰越利益剰余金     × × ×      × × ×
  Ⅱ  評価・換算差額等                × × ×
  Ⅲ  新株予約権                      × × ×
          純資産合計                  × × ×
          負債・純資産合計            × × ×
```

[貸借対照表のひな型]

┌─【資産・負債・資本（純資産）の記載の基準】────────────
│
│　　資産，負債及び資本（純資産）は，適当な区分，配列，分類及び評価
│　の基準に従って記載しなければならない。
│
│　　　　　　　　　　（「企業会計原則」貸借対照表原則一Ａ　一部変更）
└──────────────────────────────────

【貸借対照表の区分】

　貸借対照表は，資産の部，負債の部及び資本（純資産）の部の三区分に分ち，さらに資産の部を流動資産，固定資産及び繰延資産に，負債の部を流動負債及び固定負債に区分しなければならない。

（「企業会計原則」貸借対照表原則二　一部変更）

　従来，貸借対照表は，資産の部，負債の部，資本の部の3つに区分していたが，現行制度では，資産の部，負債の部，純資産の部に区分して表示する。

貸借対照表

資産の部	負債の部
Ⅰ　流動資産 Ⅱ　固定資産 　1．有形固定資産 　2．無形固定資産 　3．投資その他の資産 Ⅲ　繰延資産	Ⅰ　流動負債 Ⅱ　固定負債 純資産の部 省略

［現行制度の貸借対照表］

【項目の配列の方法】

　資産及び負債の項目の配列は，原則として，流動性配列法によるものとする。

（「企業会計原則」貸借対照表原則三）

　流動性配列法とは，流動性の高いものから順に貸借対照表に並べる方法である。流動性配列法は，資産は流動資産，固定資産，繰延資産の順に，負債は流動負債，固定負債の順とし，負債の次に資本（純資産）を配列する方法である。なお，電気，ガス事業を営む企業などでは，流動性配列法とは逆の**固定性配列法**が採用される。固定性配列法は，資産は固定資産，流動資産，繰延資産の順に，負債は固定負債，流動負債の順に配列する方法である。

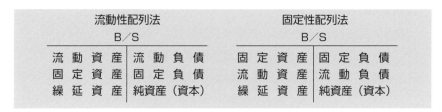

［流動性配列法と固定性配列法］

【科目の分類原則】

　資産，負債及び資本（純資産）の各科目は，一定の基準に従って明瞭に分類しなければならない。（「企業会計原則」貸借対照表原則四　一部変更）

　資産，負債を流動項目，固定項目に分類する基準としては，原則として**正常営業循環基準を主とし，1年基準を従**とする。

　ここに**正常営業循環基準**とは，当該企業の主目的たる営業取引活動の過程において生じた資産，負債は流動項目とし，それ以外を固定項目とする方法である。

［正常営業循環基準］

　一方，**1年基準**とは，当該企業の主目的たる営業取引活動以外の過程において生じた資産，負債のうち貸借対照表日の翌日から起算して1年以内に現金化，費用化，決済されるものは流動項目とし，1年を超えるものは固定項目とする方法である。

[1 年基準]

[流動・固定分類]

なお，この分類基準に当てはまらないものとして，有価証券や有形固定資産，経過勘定項目などがある。

有価証券は，現行制度上は所有目的により流動・固定分類され，また有形固定資産は科目の性質により分類される。また，経過勘定は，前払費用は１年基準で分類されるが，未払費用，前受収益，未収収益はすべて流動項目となる。

┌【科目の分類基準】────────────────────────
│
│　受取手形，売掛金，前払金，支払手形，買掛金，前受金等の当該企業の主目的たる営業取引により発生した債権及び債務は，流動資産又は流動負債に属するものとする。ただし，これらの債権のうち，破産債権，更生債権及びこれに準ずる債権で一年以内に回収されないことが明らかなものは，固定資産たる投資その他の資産に属するものとする。
│
│　貸付金，借入金，差入保証金，受入保証金，当該企業の主目的以外の取引によって発生した未収金，未払金等の債権及び債務で，貸借対照表日の翌日から起算して一年以内に入金又は支払の期限が到来するものは，流動資産又は流動負債に属するものとし，入金又は支払の期限が一年をこえて到来するものは，投資その他の資産又は固定負債に属するものとする。

現金預金は，原則として，流動資産に属するが，預金については，貸借対照表日の翌日から起算して一年以内に期限が到来するものは，流動資産に属するものとし，期限が一年をこえて到来するものは，投資その他の資産に属するものとする。

所有有価証券のうち，証券市場において流通するもので，短期的資金運用のために一時的に所有するものは，流動資産に属するものとし，証券市場において流通しないもの若しくは他の企業を支配するなどの目的で長期的に所有するものは，投資その他の資産に属するものとする。

前払費用については，貸借対照表日の翌日から起算して一年以内に費用となるものは，流動資産に属するものとし，一年をこえる期間を経て費用となるものは，投資その他の資産に属するものとする。未収収益は流動資産に属するものとし，未払費用及び前受収益は，流動負債に属するものとする。

商品，製品，半製品，原材料，仕掛品等のたな卸資産は，流動資産に属するものとし，企業がその営業目的を達成するために所有し，かつ，その加工若しくは売却を予定しない財貨は，固定資産に属するものとする。

なお，固定資産のうち残存耐用年数が一年以下となったものも流動資産とせず固定資産に含ませ，たな卸資産のうち恒常在庫品として保有するもの若しくは余剰品として長期間にわたって所有するものも固定資産とせず流動資産に含ませるものとする。　　　　（「企業会計原則注解」注16　）

(注) 所有有価証券に関する規定は現行制度と矛盾する部分もある。

（3）総額主義の原則

【総額主義の原則】

資産，負債及び資本（純資産）は，総額によって記載することを原則とし，資産の項目と負債又は資本（純資産）の項目とを相殺することによって，その全部又は一部を貸借対照表から除去してはならない。

（「企業会計原則」貸借対照表原則一Ｂ　一部変更）

　このような総額主義は，総額で表示することで**財政規模を明瞭に表示**するために採用されている。

Exercise

問題①　財務諸表に関する次の記述のうち，妥当なものはどれか。

1 正常営業循環基準とは，貸借対照表日の翌日から起算して1年以内に期限が到来するものを流動資産および流動負債とする基準である。

2 企業会計原則による損益計算書では，売上総損益計算，経常損益計算および純損益計算の区分を設けなければならない。

3 貸借対照表は，企業が一定時点に保有するすべての資産，負債および資本（純資産）を記載するため，簿外資産，簿外負債を生じることをまったく許さない。

4 貸借対照表における総額主義の原則とは，資産と負債または資本（純資産）とを直接相殺することによってその全部または一部を貸借対照表から除去してはならないことを指示する原則である。

5 損益計算書には，収益および費用を発生源泉に従って対応表示をするが，売上高と売上原価との対応表示には因果関係はなく，取引の同質性に基づいて対応表示される。

....

解説

損益計算書および貸借対照表に関する問題で，会計理論の基礎的知識が問われている問題である。

1 誤。正常営業循環基準とは，企業の主たる営業活動の循環過程のなかに入る資産および負債は，これをすべて流動資産および流動負債に属するものとする基準である。

2 誤。企業会計原則による損益計算書では営業損益計算，経常損益計算および純損益計算の区分を設けなければならない。

3 誤。貸借対照表は，企業が一定時点に保有するすべての資産，負債および資本（純資産）を記載するため，簿外資産，簿外負債を生じることを許さない。ただし，正規の簿記の原則に従って処理された場合に生じる簿外資産，簿外負債は，重要性の原則の適用の見地から認められ，貸借対照表の記載外とされる。

4 妥当な記述である。
貸借対照表における総額主義の原則とは，資産と負債または資本（純資産）とを直接相殺することによってその全部または一部を貸借対照表から除去してはならないことを指示する原則である。

5 誤。損益計算書には，収益および費用を発生源泉に従って対応表示をするが，売上高と売上原価との対応表示は個別的対応関係に基づいて対応表示される。

解答　4

問題② 財務諸表に関する次の記述のうち，妥当なものはどれか。

1 貸借対照表の資産および負債の配列方法は，原則として固定性配列法による。

2 貸借対照表日後に発生した事象で，次期以後の財政状態および経営成績に影響を及ぼすものを後発事象といい，これは，附属明細表に記載され開示される。

3 現行の制度会計における損益計算書は，当期業績主義による損益計算書を採用している。これは，損益計算書の作成目的を期間的な経常収益力の表示と考えるからである。

4 企業会計原則による損益計算書で当期純利益まで算定する場合には，営業損益計算，経常損益計算および純損益計算の3区分が設けられる。

5 損益計算書の収益および費用の対応表示は，実質的な因果関係に基づいて表示される。

解説

損益計算書および貸借対照表に関する問題で，前問と同様，会計理論の基礎的知識が問われている問題である。

1 誤。貸借対照表の資産および負債の配列方法は，原則として流動性配列法による。

2 誤。貸借対照表日後に発生した事象で，次期以後の財政状態および経営成績に影響を及ぼすものを後発事象といい，これは注記事項とされ開示される。

3 誤。今日の制度会計における損益計算書は，期間外損益も記載することから，形式的には包括主義の立場を採用しているが，当期業績主義に基づく利益も表示していることから，当期業績主義と包括主義を併合したものであるといえる。

4 妥当な記述である。

企業会計原則による損益計算書は，営業損益計算，経常損益計算および純損益計算の3区分が設けられる。

5 誤。損益計算書の収益および費用の対応表示は，実質的な因果関係に基づいて表示されるものと，取引の同質性に基づいて表示されるものがある。

解答　4

3 その他の財務諸表

財務諸表は，損益計算書と貸借対照表以外にもあります。概略だけでいいので理解するようにしてください。

1. 財務諸表の種類の変更

第1章で述べたように，会社計算規則の新設や財務諸表等規則の改正，「株主資本等変動計算書に関する会計基準」の新設により作成が要求される財務諸表の種類も変更された。

〈財務諸表の種類〉

会社計算規則	財務諸表等規則	企業会計原則
① 貸借対照表 ② 損益計算書 ③ 株主資本等変動計算書 ④ 注記表 ⑤（附属明細書） ⑥（事業報告）	① 貸借対照表 ② 損益計算書 ③ 株主資本等変動計算書 ④ キャッシュ・フロー計算書 ⑤ 附属明細表	① 貸借対照表 ② 損益計算書 ③ 財務諸表附属明細表 ④ 利益処分計算書

こうした変更の主たる特徴をまとめると以下のようになる。

・廃止された財務諸表…利益処分計算書

・新設された財務諸表…株主資本等変動計算書，注記表

したがって，本節では，株主資本等変動計算書（新設），キャッシュ・フロー計算書，附属明細表（書），注記表（新設）内容について簡潔に述べておくこととしたい。

2. 株主資本等変動計算書

（1）作成の経緯

従来，株式会社は，当期未処分利益を決算日の翌日から3ヶ月以内に開催さ

れる株主総会で処分（利益処分）しており，利益処分にあたっては，取締役会が「利益処分案」を作成し，株主総会の承認を受けると，「利益処分計算書」が作成されていた。

しかし，平成18年5月施行の会社法において剰余金の配当が事業年度を通じていつでも実施できるようになったこと，任意積立金の積み立てなどその他の剰余金の処分をいつでも行うことができるようになったことにより，利益処分案の作成が不必要になり，利益処分計算書の作成も不必要になった。

そこで，従来作成されてきた利益処分計算書（利益処分案）の廃止に伴い，株主資本等変動計算書の作成が要求されるようになった。

（2）意義

株主資本等変動計算書とは，貸借対照表における純資産の部の一会計期間における変動額のうち，主として株主に帰属する部分である株主資本の各項目の変動事由を報告するために作成するものである。

（3）貸借対照表との関係

株主資本等変動計算書の各項目の当期首残高（＝前期末残高）および当期末残高は，前期および当期の貸借対照表の純資産の部の各項目の金額と一致する。

（4）表示方法

① 株主資本

純資産の部のうち株主資本の各項目は，当期首残高，当期変動額及び当期末残高に区分し，当期変動額は変動事由ごとにその金額を表示する。また，損益計算書の当期純利益は，その他利益剰余金（繰越利益剰余金）の変動事由として表示する。

② 株主資本以外

純資産の部のうち株主資本以外の各項目は，当期首残高，当期変動額および当期末残高に区分し，当期変動額は純額で表示する。ただし，当期変動額について主な変動事由ごとにその金額を表示（注記を含む）することができる。

（5）様式（純資産の各項目を横に並べる形式）

	株主資本										評価・換算差額等		新株予約権	純資産合計
	資本金	資本剰余金			利益剰余金				自己株式	株主資本合計	その他有価証券評価差額金	評価・換算差額等合計		
		資本準備金	その他資本剰余金	資本剰余金合計	利益準備金	その他利益剰余金		利益剰余金合計						
						任意積立金	繰越利益剰余金							
当期首残高	××	××	××	××	××	××	××	××	△××	××	××	××	××	××
当期変動額														
新株の発行	××	××		××						××				××
剰余金の配当					××		△××	△××		△××				△××
当期純利益							××	××		××				××
自己株式の処分									××	××				××
株主資本以外の項目の当期変動額											××	××	××	××
当期変動額合計	××	××	—	××	××	—	××	××	××	××	××	××	××	××
当期末残高	××	××	××	××	××	××	××	××	△×××	××	××	××	××	××

財務諸表

3．キャッシュ・フロー計算書

（1）キャッシュ・フロー計算書の意義

┌─【キャッシュ・フロー計算書の意義】─────────────────────

　（連結）キャッシュ・フロー計算書は，企業（集団）の一会計期間におけるキャッシュ・フローの状況を報告するために作成するものである。

（「連結キャッシュ・フロー計算書等の作成基準・第一」）

　キャッシュ・フロー計算書は，企業の資金の状況を明らかにするために，一会計期間におけるキャッシュ・フローの状況を一定の活動区分別に表示するものであり，貸借対照表および損益計算書と同様に企業活動に関する重要な情報を提供するものである。

　金融商品取引法・財務諸表規則の開示制度の適用を受ける会社（基本的には大企業）は「キャッシュ・フロー計算書」の作成が要求される。

　なお，連結財務諸表を作成している会社は連結キャッシュ・フロー計算書のみを作成し，連結財務諸表を作成していない会社は個別キャッシュ・フロー計算書のみを作成する。

（2）キャッシュ・フロー計算書の導入の背景

　キャッシュ・フロー計算書は平成 12 年 3 月決算から，金融商品取引法会計における 3 番目の財務諸表として作成が義務付けられた。導入の理由としては以下のようなものが考えられる。

①　我が国では，バブル崩壊後の経済不況化において金融機関のいわゆる「貸し渋り」が行われるようになり，慢性的な資金不足になった企業が，より「資金の流れ」を重視するようになった。

②　欧米では，従来から企業の状況判断の材料としてキャッシュ・フロー計算書が重要視されており，我が国もそれにあわせる必要があった。

③　従来の貸借対照表・損益計算書のみでは，利益は計上されているが現金が不足して倒産するいわゆる「黒字倒産」が起こりうることからキャッシュ・フロー計算書を重視するようになった。

（3）資金（キャッシュ）の範囲

キャッシュ・フロー計算書が対象とする資金の範囲は**現金および現金同等物**である。

【キャッシュの範囲】

（連結）キャッシュ・フロー計算書が対象とする資金の範囲は，現金及び現金同等物とする。

1　現金とは，手許現金及び要求払預金をいう。

2　現金同等物とは，容易に換金可能であり，かつ，価値の変動について僅少なリスクしか負わない短期投資をいう。

（「連結キャッシュ・フロー計算書等の作成基準」・第二・一）

【要求払預金】

要求払預金には，例えば，当座預金，普通預金，通知預金が含まれる。

（「連結キャッシュ・フロー計算書等の作成基準注解」注1）

【現金同等物】

現金同等物には，例えば，取得日から満期日又は償還日までの期間が三か月以内の短期投資である定期預金，譲渡性預金，コマーシャル・ペーパー，売戻し条件付現先，公社債投資信託が含まれる。

（「連結キャッシュ・フロー計算書等の作成基準注解」注2）

（注）譲渡性預金…銀行が発行する無記名の預金証書
　　　コマーシャル・ペーパー…市場を通じて短期資金を調達するために発行する無担保の証券

```
                  ┌ 手許現金…いわゆる現金
            現金  ┤
キャッシュ  ┤     └ 要求払預金…当座預金・普通預金・通知預金等
            │
            └ 現金同等物…三か月以内の定期預金・譲渡性預金・CP等
```

（注）ここでいう「現金及び現金同等物」は「実現主義の原則」でいう「現金同等物」や「現金及び現金等価物」とは似て非なる概念である。

（4）表示区分

┌─【キャッシュ・フロー計算書の表示区分】────────────────────

（連結）キャッシュ・フロー計算書には「**営業活動**によるキャッシュ・フロー」，「**投資活動**によるキャッシュ・フロー」及び「**財務活動**によるキャッシュ・フロー」の区分を設けなければならない。

（「連結キャッシュ・フロー計算書等の作成基準」第二・二・一部）

①　営業活動によるキャッシュ・フローの区分

┌─【営業活動によるキャッシュ・フロー】────────────────────

「営業活動によるキャッシュ・フロー」の区分には，営業損益計算の対象となった取引のほか，投資活動及び財務活動以外の取引によるキャッシュ・フローを記載する。

（「連結キャッシュ・フロー計算書等の作成基準」第二・二・1・一部）

┌─【具体例】───────────────────────────────

「営業活動によるキャッシュ・フロー」の区分には，例えば，次のようなものが記載される。

（1）商品及び役務の販売による収入

（2）商品及び役務の購入による支出

（3）従業員及び役員に対する報酬の支出

（4）災害による保険金収入

（5）損害賠償金の支払

（「連結キャッシュ・フロー計算書等の作成基準注解」注3）

営業活動によるキャッシュ・フローの区分は，営業活動でどれだけのキャッシュを獲得したかを表示する区分である。

この区分には，商品の仕入・販売による収入と支出，賞与などの支出など，営業損益計算の対象となった取引によるキャッシュ・フローを記載する。

なお，この区分には営業活動ではないが，投資活動および財務活動には該当

しない取引によるキャッシュ・フロー，具体的には，保険金の受取による収入，法人税等の支払いによる支出などが小計欄以下に記載される。

② 投資活動によるキャッシュ・フローの区分

┌─【投資活動によるキャッシュ・フロー】────────────────

「投資活動によるキャッシュ・フロー」の区分には，固定資産の取得及び売却，現金同等物に含まれない短期投資の取得及び売却等によるキャッシュ・フローを記載する。

（「連結キャッシュ・フロー計算書等の作成基準」・第二・二・一部）

└──────────────────────────────

┌─【具体例】─────────────────────────

「投資活動によるキャッシュ・フロー」の区分には，例えば，次のようなものが記載される。

（1）有形固定資産及び無形固定資産の取得による支出

（2）有形固定資産及び無形固定資産の売却による収入

（3）有価証券（現金同等物を除く。）及び投資有価証券の取得による支出

（4）有価証券（現金同等物を除く。）及び投資有価証券の売却による収入

（5）貸付けによる支出

（6）貸付金の回収による収入

（「連結キャッシュ・フロー計算書等の作成基準注解」注4）

└──────────────────────────────

投資活動によるキャッシュ・フローの区分は，将来の現金および現金同等物の創造能力を高めるために，企業の現金および現金同等物をどの投資活動に投下したかを表示する区分である。

この区分には，固定資産の取得および売却，資金の貸付・回収にともなう支出・収入などによるキャッシュ・フローを記載する。

財務諸表

③　財務活動によるキャッシュ・フローの区分

---【財務活動によるキャッシュ・フロー】---------------------

「財務活動によるキャッシュ・フロー」の区分には，資金の調達及び返済
によるキャッシュ・フローを記載する。

（「連結キャッシュ・フロー計算書等の作成基準」・第二・二・一部）

---【具体例】---

「財務活動によるキャッシュ・フロー」の区分には，例えば，次のような
ものが記載される。

（１）株式の発行による収入

（２）自己株式の取得による支出

（３）配当金の支払

（４）社債の発行及び借入れによる収入

（５）社債の償還及び借入金の返済による支出

（「連結キャッシュ・フロー計算書等の作成基準注解」注５）

　財務活動によるキャッシュ・フローの区分は，資金をどのように調達し，返
済したかを表示する区分である。

　この区分には，株式発行による収入，自己株式取得に伴う支出，社債の発
行・償還および資金の借入・返済による収入・支出などによるキャッシュ・フ
ローを記載する。

（5）表示区分に関する選択適用

　営業活動によるキャッシュ・フローの表示方法，利息および配当金の表示区
分については以下の選択適用が認められている。

①　営業活動によるキャッシュ・フローの表示方法

　営業活動によるキャッシュ・フローの表示方法には，直接法と間接法の２つ
があり，継続適用を条件として選択適用が認められている。

　１）直接法

　直接法とは，主要な取引ごとに収入総額と支出総額とを表示する方法であ

る。この方法は，総額で記載されるためわかりやすいという長所があるが，反面，作成に手間がかかるという短所がある。

２）間接法

間接法とは，税引前当期純利益に必要な調整項目を加減して表示する方法である。この方法は，税引前当期純利益と営業活動によるキャッシュ・フローとの関係を明示できる，作成に手間がかからないという長所があるが，反面，調整項目がわかりづらいという短所がある。実務上は，間接法が多く採用されている。

(注) 調整項目とは，営業活動に関係のない営業外損益項目および特別損益項目，減価償却費や引当金の繰入額などの非キャッシュ費用などをいう。

② 利息及び配当金の表示区分

利息及び配当金の表示区分には，次の２つの方法があるが，継続適用を条件として，選択適用が認められている。

1）損益計算に含まれる受取利息，受取配当金および支払利息は「営業活動によるキャッシュ・フロー」の区分に，損益計算に含まれない支払配当金は「財務活動によるキャッシュ・フロー」の区分に記載する方法

2）投資活動の成果である受取利息および受取配当金は「投資活動によるキャッシュ・フロー」の区分に，財務活動のコストである支払利息および支払配当金は「財務活動によるキャッシュ・フロー」の区分に記載する方法

[参考] 法人税等の表示区分

キャッシュ・フロー計算書における法人税等の表示区分については，①法人税等を「営業活動によるキャッシュ・フロー」の区分に記載する方法と，②法人税等を３つの区分に分けてそれぞれ記載する方法，の２つの表示方法が考えられる。

法人税等はそれぞれの活動から生じる課税所得に対して課税されるため，理論的には，②の方法をとるべきであるが，実務上は課税所得をそれぞれの活動ごとに分割して把握することは一般的に困難であるため①の方法が採用されている。

財務諸表

③ 投資活動によるキャッシュ・フロー及び財務活動によるキャッシュ・フロー
　の表示方法

┌─【その他の区分の表示方法】────────────────────
│
│　「投資活動によるキャッシュ・フロー」及び「財務活動によるキャッ
│　シュ・フロー」は主要な取引ごとにキャッシュ・フローを総額表示しな
│　ければならない。（「連結キャッシュ・フロー計算書等の作成基準」第三・二）
│
└──────────────────────────────────

　投資活動によるキャッシュ・フロー及び財務活動によるキャッシュ・フロー
の表示方法はいわゆる直接法である。

（6）キャッシュ・フロー計算書の様式

① 直接法

キャッシュ・フロー計算書
自令和×年×月×日　至令和×年×月×日

Ⅰ	営業活動によるキャッシュ・フロー	
	営業収入	×× ×
	原材料又は商品の仕入支出	△×× ×
	人件費支出	△×× ×
	その他の営業支出	△×× ×
	小　計	×× ×
	利息及び配当金の受取額	×× ×
	×× × ×	×× ×
	法人税等の支払額	△×× ×
	営業活動によるキャッシュ・フロー	×× ×
Ⅱ	投資活動によるキャッシュ・フロー	
	有価証券の取得による支出	△×× ×
	×× × ×	×× ×
	投資活動によるキャッシュ・フロー	×× ×
Ⅲ	財務活動によるキャッシュ・フロー	
	短期借入れによる収入	×× ×
	×× × ×	×× ×
	財務活動によるキャッシュ・フロー	×× ×
Ⅳ	現金及び現金同等物に係る換算差額	×× ×
Ⅴ	現金及び現金同等物の増加額	×× ×
Ⅵ	現金及び現金同等物の期首残高	×× ×
Ⅶ	現金及び現金同等物の期末残高	×× ×

［キャッシュ・フロー　直接法］

財務諸表

キャッシュ・フロー計算書
自令和×年×月×日　至令和×年×月×日

I	営業活動によるキャッシュ・フロー	
	税引前当期純利益	×××
	減価償却費	×××
	受取利息及び配当金	△×××
	支払利息	×××
	固定資産売却益	△×××
	売上債権の増加額	△×××
	たな卸資産の減少額	×××
	仕入債務の減少額	△×××
	××××	×××
	小　　計	×××
	利息及び配当金の受取額	×××
	××××	×××
	法人税等の支払額	△×××
	営業活動によるキャッシュ・フロー	×××
II	投資活動によるキャッシュ・フロー	
	有価証券の取得による支出	△×××
	××××	×××
	投資活動によるキャッシュ・フロー	×××
III	財務活動によるキャッシュ・フロー	
	短期借入れによる収入	×××
	××××	×××
	財務活動によるキャッシュ・フロー	×××
IV	現金及び現金同等物に係る換算差額	×××
V	現金及び現金同等物の増加額	×××
VI	現金及び現金同等物の期首残高	×××
VII	現金及び現金同等物の期末残高	×××

[キャッシュ・フロー　間接法]

4．注記表

（1）意義

　注記表とは，会社法が作成を要求する財務諸表の一種で，損益計算書や貸借対照表に関する注記をまとめた報告書である。注記表は会社法会計でのみ作成が要求されている。

（2）注記表作成の経緯

　改正前商法では，貸借対照表又は損益計算書に記載すべき注記は，貸借対照表又は損益計算書の末尾に記載することとされていたが，平成18年5月施行の会社法では，注記の内容をまとめた「注記表」という計算書類（財務諸表）の作成が義務付けられることとなった。

（3）注記すべき内容

　会計監査人設置会社の場合，注記表に注記すべき内容は以下のとおりである。

　①継続企業の前提に関する注記

　②重要な会計方針に係る事項（連結注記表にあっては，連結計算書類の作成のための基本となる重要な事項）に関する注記

　③貸借対照表等に関する注記

　④損益計算書に関する注記

　⑤株主資本等変動計算書（連結注記表にあっては，連結株主資本等変動計算書）に関する注記

　⑥税効果会計に関する注記

　⑦リースにより使用する固定資産に関する注記

　⑧関連当事者との取引に関する注記

　⑨1株当たり情報に関する注記

　⑩重要な後発事象に関する注記

　⑪連結配当規制適用会社に関する注記

　⑫その他の注記

財務諸表

(注) これらの注記は会社の種類によって必要とされる注記が異なっており，たとえば，次のような会社は上記①〜⑫の注記のうち，以下の注記を表示する必要がない。
　・会計監査人設置会社以外の非公開会社の個別注記表
　　　①③④⑥〜⑪の注記は不必要
　・会計監査人設置会社以外の公開会社の個別注記表
　　　①⑪の注記は不必要

5. 附属明細表（附属明細書）

　附属明細表（金融商品取引法会計）とは，損益計算書や貸借対照表の重要な事項について，その詳細を開示するための書類である。この書類は「明瞭性の原則」に基づき，その会社の状況について利害関係者に開示するために作成される。また，財務諸表の期間比較を確立するために作成される。具体的には有価証券明細表，有形固定資産等明細表，社債明細表などがある。

(注) 会社法の規定する附属明細書は，基本的には，附属明細表と同じだが，附属明細表と違い，会計に関する事項のみならず，非会計的な事項についてもその詳細を示す書類である。

［参考］　監査制度

① 　監査の意義

　監査とは，企業などの経営活動について，利害関係者保護のため，利害関係のない独立の第三者が財務諸表を検査し，その結果を報告することである。監査制度には金融商品取引法監査と会社法監査がある。

② 　金融商品取引法監査

　金融商品取引法の目的は，有価証券の取引の公正化，流通の円滑化を図ることにある。その目的を達成するため金融商品取引法は，上場企業などに対して，財務諸表の作成を要求するとともに，当該財務諸表について公認会計士又は監査法人の監査を受け，その監査報告書を添付することを要求している。

③ 　会社法監査

　会社法監査は監査役監査と会計監査人監査に大別される。

　監査役監査とは監査役（委員会設置会社では監査委員会）による取締役の職務執行の監査をいう。監査役監査には業務監査と会計監査がある。業務監査とは，取締役等が法令・定款に準拠して職務を執行しているかどうかの監査であり，会計監査は，計算書類等が法令・定款に準拠して作成されているかどうかの監査である。

　会計監査人監査とは，会計監査人（公認会計士または監査法人）が，企業の作成する計算書類等が，法令・定款に従って適切に作成されているかについて行う監査である。会計監査人監査は基本的には社会的影響力の大きい大会社（資本金5億円以上又は負債200億円以上の株式会社）に対して行われる。

［参考］　財務諸表分析

①　意義

　財務諸表分析とは，財務諸表を対象として，主として比率を用いて複数の企業を比較したり，ある企業の時系列変化を分析するための手法をいう。

②　収益性分析

　収益性分析とはある企業の収益力（資本に対しての儲ける能力）をみる分析である。

・資本利益率

$$資本利益率 = \frac{利\quad 益}{資\quad 本}$$

　企業がどれだけの資本を用いてどれだけの利益を獲得したかという企業活動の効率の良否を示す比率である。資本利益率は資本回転率と売上高利益率に分解できる。

$$資本利益率 = \frac{利\quad 益}{資\quad 本} = \underbrace{\frac{売上高}{資\quad 本}}_{資本回転率} \times \underbrace{\frac{利\quad 益}{売上高}}_{売上高利益率}$$

　資本回転率は経営資本の循環活動の良否を示し，売上債権回転率，商品回転率，有形固定資産回転率，総資本回転率などがある。売上高利益率は売上高に占める利益の割合を示し，売上総利益率，売上高営業利益率，売上高経常利益率などがある。

・売上債権回転率…資金の回収効率を示す

$$売上債権回転率 = \frac{売上高}{売上債権}$$

・商品回転率…商品の販売効率を示す

$$商品回転率 = \frac{売上高}{商\quad 品}$$

財務諸表

・有形固定資産回転率…設備の利用度を示す

$$有形固定資産回転率 = \frac{売\ 上\ 高}{有形固定資産}$$

・総資本回転率…全ての資金の利用度を示す

$$総資本回転率 = \frac{売上高}{総資本}$$

・（売上高）売上総利益率…販売自体の収益力を示す

$$売上総利益率 = \frac{売上総利益}{売\ 上\ 高}$$

・（売上高）営業利益率…営業活動の収益力を示す

$$営業利益率 = \frac{営\ 業\ 利\ 益}{売\ 上\ 高}$$

・（売上高）経常利益率…正常な活動の収益力を示す

$$経常利益率 = \frac{営\ 業\ 利\ 益}{売\ 上\ 高}$$

③　安全性分析

安全性分析とは企業の債務弁済能力などの安全性をみる分析である。

・流動比率…短期的な支払能力を示す。200％以上が望ましい

$$流動比率 = \frac{流\ 動\ 資\ 産}{流\ 動\ 負\ 債}$$

・当座比率（酸性比率）…即時の支払能力を示す。100％以上が望ましい

$$当座比率 = \frac{当\ 座\ 資\ 産}{流\ 動\ 負\ 債}$$

(注) 当座資産とは，現金預金，売上債権，有価証券などの即時換金可能なものをいい，商品等は含まない。

・固定比率…設備投資の安全性を示す。小さい方が望ましい

$$固定比率 = \frac{固\ 定\ 資\ 産}{株\ 主\ 資\ 本}$$

・固定長期適合比率…設備投資の安全性を示す。100％以下が望ましい

$$固定長期適合比率 = \frac{固\ 定\ 資\ 産}{株主資本 + 固定負債}$$

・負債比率…経営の安全性を示す。小さい方が望ましい

$$負債比率 = \frac{負債}{株主資本}$$

・株主資本比率…経営の安全性を示す。大きい方が望ましい

$$株主資本比率 = \frac{株主資本}{総資本}$$

Exercise

問題　財務諸表に関する次の記述のうち，妥当なものはどれか。

1 キャッシュ・フロー計算書とは一会計期間における現金の増減を報告するための書類である。

2 キャッシュ・フロー計算書では，一会計期間におけるキャッシュ・フローを「営業活動によるキャッシュ・フロー」，「営業外活動によるキャッシュ・フロー」，「財務活動によるキャッシュ・フロー」に区分して表示する。

3 キャッシュ・フロー計算書の営業活動によるキャッシュ・フローの表示方法における直接法とは，税引前当期純利益に必要な調整項目を加減して表示する方法である。

4 株主資本等変動計算書は，企業の一定時点，すなわち決算日における純資産の残高を報告するために作成する財務諸表である。

5 現行制度では，注記表は，会社法会計でのみ作成が要求されている財務諸表であり，金融商品取引法会計で作成が要求されている財務諸表ではない。

....

解説

貸借対照表，損益計算書以外の財務諸表に関する問題である。

1 誤。キャッシュ・フロー計算書とは一会計期間における現金及び現金同等物の増減を報告するための書類である。

2 誤。キャッシュ・フロー計算書では，一会計期間におけるキャッシュ・フローを「営業活動によるキャッシュ・フロー」，「投資活動によるキャッシュ・フロー」，「財務活動によるキャッシュ・フロー」に区分して表示する。

3 誤。直接法とは，主要な取引ごとに収入総額と支出総額とを表示する方法である。選択肢は間接法に関する記述である。

4 誤。株主資本等変動計算書は，貸借対照表における純資産の部の一会計期間における変動を報告するための財務諸表である。

5 妥当な記述である。

解答　5

第6章

その他

第6章は，これまでの章で取り扱わな
かった連結会計などの特殊な論点をみ
ていきます。国税専門官試験では，連
結会計と仕訳が重要度が高い項目とい
えます。

重要度
★★☆

1 連結会計

連結会計では，なぜ連結財務諸表が必要なのか，また，投資と資本
の相殺消去をどのようにして行うのかを理解してください。

1．意義

（注）平成20年12月に「連結財務諸表に関する会計基準」が新設された。しかし，同基準は従来の
「連結財務諸表原則」を一部の変更を除いて引きついだものとなっている

　連結財務諸表とは，支配従属関係にある2つ以上の会社からなる**企業集団**を
単一の組織体とみなして，親会社が個別財務諸表のほかに当該企業集団の財政
状態および経営成績を総合的に報告するために作成する財務諸表である。
　言い換えれば，法律的に独立している2つ以上の会社が経済的には同一会社
の支配下に企業集団を形成している場合に，子会社を親会社の支店とみなし
て，親会社を中心とする企業集団の経営活動の実態を把握するために作成され
る。

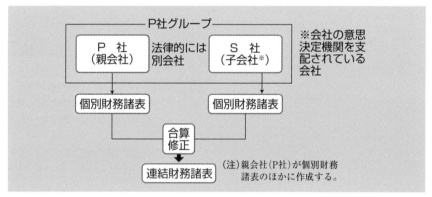

［連結財務諸表］

226

2．目的

連結財務諸表が作成される目的は，次の3つである。

① 企業集団の財政状態および経営成績を，親会社の株主，債権者および経営者に伝達すること
② 親子関係にある会社の財務諸表監査を充実させ，粉飾決算を防止すること
③ 連結納税申告制度を導入した場合，課税の合理化を図ること

3．一般基準

一般基準とは，連結財務諸表を作成するための基礎的な前提についての基準であり，（1）連結の範囲，（2）連結決算日，（3）親会社及び子会社の会計処理の原則及び手続きの3つがある。

（1）連結の範囲

① 親会社及び子会社の定義

┌─【連結の範囲】─────────────────────────
親会社は，原則として**すべての子会社**を連結の範囲に含める。

（「連結財務諸表に関する会計基準」13）
└──────────────────────────────────

┌─【親会社・子会社の定義】──────────────────
親会社とは，他の企業の財務及び営業又は事業の方針を決定する機関（株主総会その他これに準ずる機関をいう。以下「意思決定機関」という。）を支配している企業をいい，子会社とは，当該他の会社をいう。

親会社及び子会社が，他の企業の意思決定機関を支配している場合における当該他の企業も，その親会社の子会社とみなす。

（「連結財務諸表に関する会計基準」6）
└──────────────────────────────────

【他の企業の意思決定機関を支配している場合】

　「他の企業の意思決定機関を支配している企業」とは，次の企業をいう。ただし，財務上又は営業上若しくは事業上の関係からみて他の企業の意思決定機関を支配していないことが明らかと認められる企業は，この限りではない。

（1）他の企業（更生会社，破産会社その他これらに準ずる企業であって，かつ，有効な支配従属関係が存在しないと認められる企業を除く。下記（2）（3）においても同じ。）の**議決権の過半数**を自己の計算において所有している企業

（2）他の企業の議決権の100分の40以上，100分の50以下を自己の計算において所有している企業であって，かつ，一定の要件^(注)に該当する企業

（3）自己の計算において所有している議決権と，自己と出資，人事，資金，技術，取引等において緊密な関係があることにより自己の意思と同一の内容の議決権を行使すると認められる者及び自己の意思と同一の内容の議決権を行使することに同意している者が所有している議決権とを合わせて，他の企業の議決権の過半数を占めている企業であって，かつ一定の要件^(注)の要件に該当する企業

（「連結財務諸表に関する会計基準」7・一部修正）

（注）一定の要件とは，役員若しくは使用人またはこれらであった者が他の企業の取締役会その他これに準ずる機関の構成員の過半数を占めていること，他の企業の重要な財務，営業などの方針を決定できる契約が存在していること，他の企業の負債の過半について融資をしていること，その他の企業の意思決定機関を支配していることが推測される事実が存在することなどのいずれかを満たすことである。

　親会社は原則として，すべての子会社を連結の範囲に含めなければならない。

　親会社とは，他の会社を支配している会社をいい，子会社とは当該他の会社をいう。他の会社を支配しているとは，他の会社の意思決定機関を支配していることをいい，次のような場合がある。

　1）他の会社の議決権の過半数（50％超）を実質的に所有している場合。

2）他の会社に対する議決権の所有割合が50％以下であっても，高い比率の議決権を有しており，かつ，当該会社の意思決定機関を支配している一定の事実が認められる場合。

連結子会社を1）のみで判断することを**持株基準**，1）および2）で判断することを**支配力基準**という。現行制度では，**支配力基準を採用している**。

親会社および子会社であわせて他の会社を支配している場合や，子会社が単独で他の会社を支配している場合の，支配されている当該他の会社（親会社からみて孫会社）も子会社とみなされる。

また，更生会社，整理会社，破産会社等であって，かつ，有効な支配従属関係が存在せず組織の一体性を欠くと認められる会社は，子会社に該当しない。

［設例］連結の範囲

次のA～Cの会社のうち，親会社であるP社からみて子会社に該当する会社はどれか。なお，図中の％は株式の所有割合を示すものとする。

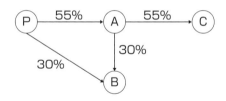

解答…A・B・C

解説　A　∵　50％超取得なので子会社

　　　B　∵　親会社（P社）及び子会社（A社）が他の会社を支配している場合に該当するため子会社

　　　C　∵　子会社（A社）が他の会社を支配している場合（いわゆる孫会社）に該当するため子会社

② 連結の範囲からの除外

【連結の範囲から除かれる子会社（強制）】

子会社のうち次に該当するものは，連結の範囲に含めない。

（1）支配が一時的であると認められる企業

（2）（1）以外の企業であって，連結することにより利害関係者の判断を著しく誤らせるおそれのある会社

（「連結財務諸表に関する会計基準」14）

【小規模子会社の除外（容認）】

子会社であって，その資産，売上高等を考慮して，連結の範囲から除いても企業集団の財政状態及び経営成績に関する合理的な判断を妨げない程度に重要性の乏しいものは，連結の範囲に含めないことができる。

（「連結財務諸表に関する会計基準」注3）

次のような子会社は連結の範囲から除かれる。

1）支配が一時的であると認められる会社

2）前記以外の会社であって，連結することにより利害関係者の判断を著しく誤らせるおそれのある会社

3）連結の範囲から除いても企業集団の財政状態および経営成績に影響を及ぼさない重要性の乏しい会社（容認）

（注）1）2）は，強制的に連結の範囲から除外しなければならない。3）は除くことができる。

（2）連結決算日

【連結決算日】

連結財務諸表の作成に関する期間は一年とし，親会社の会計期間に基づき，年一回一定の日をもって連結決算日とする。

（「連結財務諸表に関する会計基準」15）

─【決算日に差異がある場合の取扱い】──────────────

　子会社の決算日が連結決算日と異なる場合には，子会社は，連結決算日に正規の決算に準ずる合理的な手続により決算を行う。

（「連結財務諸表に関する会計基準」16）

─【決算日の差異が３か月を超えない場合】──────────────

　子会社の決算日と連結決算日の差異が三か月を超えない場合には，子会社の正規の決算を基礎として連結決算を行うことができる。ただし，この場合には，子会社の決算日と連結決算日が異なることから生じる連結会社間の取引に係る会計記録の重要な不一致について，必要な整理を行うものとする。　　　　　　（「連結財務諸表に関する会計基準」注４）

　連結財務諸表は，親会社の会計期間に基づいて年一回作成される。したがって，親会社の決算日が連結決算日となる。

　なお，親会社の決算日と子会社の決算日が異なる場合には，子会社は仮決算などを行い連結財務諸表作成の基礎となる個別財務諸表を作成する。

　ただし，その差異が３ヶ月を超えない場合には子会社の正規の決算を基礎として連結決算を行うことができる（ただし，未達事項の整理などは行う）。

（3）会計処理の原則及び手続

─【会計処理の原則及び手続】──────────────

　同一環境下で行われた同一の性質の取引等について，親会社及び子会社が採用する会計処理の原則及び手続は，原則として統一する。

（「連結財務諸表に関する会計基準」17）

　親会社及び子会社の採用する会計処理の原則及び手続は全て統一する必要はないが「同一環境下で行われた同一の性質の取引」などについては，原則として統一しなければならない。

231

4．一般原則

連結財務諸表を作成するための一般原則としては真実性の原則，個別財務諸表基準性の原則，明瞭性の原則，継続性の原則の4つがある。また，連結財務諸表原則注解には一般原則ではないが重要なものとして重要性の原則がある。このうち，真実性の原則，明瞭性の原則，継続性の原則，重要性の原則については一般原則と同一の内容であり，個別財務諸表基準性の原則が連結財務諸表固有のものである。

【基準性の原則】

連結財務諸表は，企業集団に属する親会社及び子会社が一般に公正妥当と認められる企業会計の基準に準拠して作成した個別財務諸表を基礎として作成しなければならない。

（「連結財務諸表に関する会計基準」10）

連結財務諸表は個々の会社の会計帳簿に基づいて作成されるのではなく，親会社および子会社においてそれぞれ作成される個別財務諸表を基礎とし，それに連結上の修正を加えることにより作成される。これを**個別財務諸表基準性の原則**という。

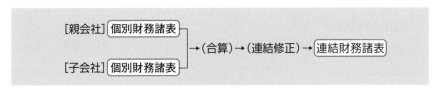

[連結財務諸表の作成]

5．連結財務諸表の構成

現行制度では，連結財務諸表は，①連結貸借対照表（連結 B/S），②連結損益計算書（連結 P/L），③連結包括利益計算書，④連結株主資本等変動計算書（連結 S/S），⑤連結キャッシュ・フロー計算書（連結 C/S），⑥連結附属明細表により構成されている。

（注）連結キャッシュ・フロー計算書（連結財務諸表等規則），連結附属明細書（連結財務諸表等規則），連結注記表（会社計算規則）については省略する。

> **[参考] 包括利益計算書**
>
> 　平成22年6月に「包括利益の表示に関する会計基準」の設定および「連結財務諸表に関する会計基準」の改正が行われ，連結財務諸表の一種として「連結包括利益計算書」を作成することとなった。
>
> 　「包括利益」とは，ある企業の特定期間の財務諸表において認識された純資産の変動額のうち，その企業の純資産に対する持分所有者（株式会社であれば株主）との直接的な取引（増資や配当など）によらない部分をいう。
>
> 　包括利益は当期純利益とその他の包括利益の合計である。
>
> 　「当期純利益」とは，特定期間の期末までに生じた純資産の変動額のうち，その期間中にリスクから解放された投資の成果であって，報告主体の所有者に帰属する部分をいい，損益計算書の収益と費用の差額で求められる。「その他の包括利益」とは，「包括利益」のうち「当期純利益」に含まれない部分をいい，その他有価証券評価差額金など個別貸借対照表において「評価・換算差額等」に表示される科目の当期変動額である。

（1）連結貸借対照表

　連結貸借対照表は，企業集団としての総合的な財政状態を報告するため作成される。具体的な様式を示すと次のようになる。

```
                    連結貸借対照表
                    令和×年×月×日
                      資産の部
 Ⅰ  流動資産                                    ×××
 Ⅱ  固定資産
   1．有形固定資産                      ×××
   2．無形固定資産
       …………                      ×××
     のれん（注1）                    ×××    ×××
   3．投資その他の資産                  ×××    ×××
 Ⅲ  繰延資産                                    ×××
       資産合計                                  ×××
                      負債の部
 Ⅰ  流動負債                                    ×××
 Ⅱ  固定負債
       …………                      ×××
                                    ×××    ×××
       負債合計                                  ×××
                      純資産の部
 Ⅰ  株主資本
   1．資  本  金                      ××
   2．資本剰余金（注2）                ××
   3．利益剰余金（注2）                ××
   4．自 己 株 式（注3）              △××    ××
 Ⅱ  その他の包括利益累計額（注4）
   1．その他有価証券評価差額金          ××
   2．為替換算調整勘定                  ××    ××
 Ⅲ  新株予約権                                  ××
 Ⅳ  非支配株主持分                              ××
       純 資 産 合 計                            ××
       負債及び純資産合計                        ××
```

（注1）従来の「連結調整勘定」は現行制度では「のれん」として表示される。

（注2）「資本剰余金」（資本準備金，その他資本剰余金），「利益剰余金」（利益準備金，その他利益剰余金）は，内訳を表示せず，一括して記載する。

（注3）自己株式および子会社が所有する親会社の株式などは，すべて「自己株式」として純資産の部の株主資本から控除する形式で表示するものとする。

（注4）現行の連結貸借対照表では，「評価換算差額等」は「その他の包括利益累計額」と表示する。

［連結貸借対照表］

（2）連結損益計算書

　連結損益計算書は，企業集団としての総合的な経営成績を報告するため作成される。具体的な様式を示すと次のようになる。

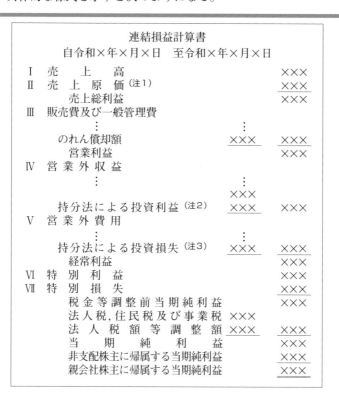

連結損益計算書
自令和×年×月×日　至令和×年×月×日

Ⅰ　売　　上　　高		×××
Ⅱ　売　上　原　価 ^(注1)		×××
売上総利益		×××
Ⅲ　販売費及び一般管理費		
⋮	⋮	
のれん償却額	×××	×××
営業利益		×××
Ⅳ　営　業　外　収　益		
⋮	⋮	
	×××	
持分法による投資利益 ^(注2)	×××	×××
Ⅴ　営　業　外　費　用		
⋮	⋮	
持分法による投資損失 ^(注3)	×××	×××
経常利益		×××
Ⅵ　特　別　利　益		×××
Ⅶ　特　別　損　失		×××
税金等調整前当期純利益		×××
法人税,住民税及び事業税	×××	
法　人　税　額　等　調　整　額	×××	×××
当　　期　　純　　利　　益		×××
非支配株主に帰属する当期純利益		×××
親会社株主に帰属する当期純利益		×××

（注1）売上原価については内訳を表示しないで，一括して表示する。
（注2）貸方に生じた場合
（注3）借方に生じた場合

［連結損益計算書］

（3）連結株主資本等変動計算書

連結株主資本等変動計算書とは，連結貸借対照表の純資産の一会計期間における変動額（主として株主資本の各項目の変動事由）を示す報告書であり，具体的な様式を示すと次のようになる。

	株主資本					その他の包括利益累計額			新株予約権	非支配株主持分	純資産合計
	資本金	資本剰余金	利益剰余金	自己株式	株主資本合計	その他有価証券評価差額金	為替換算調整勘定	その他の包括利益累計額合計	新株予約権	非支配株主持分	純資産合計
当期首残高	××	××	××	△××	××	××	××	××	××	××	××
当期変動額											
新株の発行	××	××			××						××
剰余金の配当			△××		△××						△××
親会社株主に帰属する当期純利益			××		××						××
自己株式の処分		××		××	××						××
その他											
株主資本以外の項目の当期変動額						××	××	××	××	××	××
当期変動額合計	××	××	××	××	××	××	××	××	××	××	××
当期末残高	××	××	××	△××	××	××	××	××	××	××	××

（注1）「資本剰余金」および「利益剰余金」は，連結貸借対照表と同様にその内訳を表示せずに一括して表示する。

（注2）「為替換算調整勘定」および「非支配株主持分」は，株主資本以外の純資産の項目であるため，原則として当期変動額を純額で記載する。その他の表示方法などは個別株主資本等変動計算書に準じる。

［連結株主資本等変動計算書］

6．連結上の修正

　連結財務諸表は，親会社と子会社の個別財務諸表を合算し，これに連結上の修正を行うことにより作成する。

　連結財務諸表の作成にあたり，連結決算上行う連結修正には，次のようなものがある。

　①親会社の投資と子会社の資本の相殺消去

　②連結会社相互間の債権と債務の相殺消去

　③連結会社相互間の取引高の相殺消去

　④未実現損益の消去

　⑤持分法の適用　　など

　これらの連結修正は，会計帳簿に記帳されるものではなく，単に連結財務諸表の作成上行うものであることから，個別財務諸表には反映されない。

7. 投資勘定と資本勘定の相殺消去

（1）相殺消去の考え方

┌─【投資と資本の相殺消去】────────────────────────

　　親会社の子会社に対する投資とこれに対応する子会社の資本は，相殺消去する。

（1）親会社の子会社に対する投資の金額は，支配獲得日の時価による。

（2）子会社の資本は，子会社の個別貸借対照表上の純資産の部における株主資本及び評価換算差額等と評価差額からなる。

（「連結財務諸表に関する会計基準」23）
└──

　　連結貸借対照表は，親会社と子会社の個別貸借対照表を合算することにより作成する（合算に際し，子会社の諸資産および諸負債は時価評価され，その評価差額は子会社の資本とされるが，以下では，しばらくは，子会社の諸資産および諸負債の時価は帳簿価額に等しいものとして話を進める）。

　　このように，親会社と子会社の個別貸借対照表を単純に合算しただけでは，親会社の投資勘定と子会社の資本勘定が重複し，二重計上されてしまう。そこで連結貸借対照表を作成するにあたり，親会社の投資勘定と子会社の資本勘定を相殺消去しなければならない。

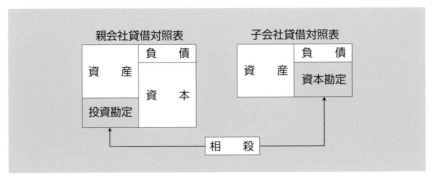

[投資勘定と資本勘定の相殺]

【数値例】

100%出資で子会社を設立した場合の，投資勘定（親会社）と資本勘定（子会社）の相殺消去

① S社（子会社）設立直前のP社（親会社）の貸借対照表は次のとおりであったとする。

P社 貸借対照表

現　金 1,000	資本金 1,000

② P社は 100（100%）出資してS社を設立し，S社は設立直後に建物 100 を購入した。S社設立後のP社の貸借対照表およびS社の貸借対照表は次のとおりである。

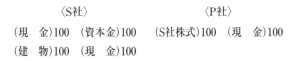

〈S社〉　　　　　　　　　　〈P社〉

（現　金）100　（資本金）100　　（S社株式）100　（現　金）100

（建　物）100　（現　金）100

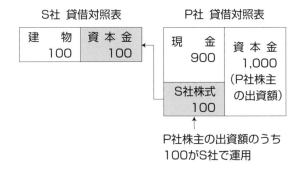

S社 貸借対照表

P社 貸借対照表

P社株主の出資額のうち
100がS社で運用

③ P社の株主は，P社の貸借対照表から自分が出資した額のうち 100 円が，S社株式を通じて，S社で運用されていることを知ることができるが，具体的にはどのような内容で運用されているのかを知ることができない（実際は建物として運用されている）。そこで，P社とS社の貸借対照表を単純合算する。

合算後　貸借対照表

単純合算しただけではＰ社のＳ社株式100とＳ社建物100およびＳ社の資本金100とＰ社の資本金100が重複し，二重計上となる。そこで，Ｐ社の投資勘定であるＳ社株式100とＳ社の資本勘定である資本金100を相殺消去する。

```
───────── 連結消去仕訳 ─────────
（資本金）　　　100　　（Ｓ社株式）　　　100
```

④　修正後の連結貸借対照表は次のようになる。

修正後 連結貸借対照表

現　金	900	資本金	1,000
建　物	100		

よって投資と資本を相殺消去することにより，親会社（Ｐ社）の株主が，自分の出資額がグループ全体でどのような内容で運用されているのかを知ることができる。

（2）投資消去差額の処理

┌─【投資消去差額】──────────────────────

　親会社の子会社に対する投資とこれに対応する子会社の資本との相殺消去にあたり，差額が生じる場合には，当該差額をのれん（又は負ののれん）とする。　　　　　　　（「連結財務諸表に関する会計基準」24・一部）

投資勘定（親会社）と資本勘定（子会社）の相殺消去にあたり，投資勘定の金額と資本勘定の金額が一致しないため，借方または貸方に差額が生ずること

がある。これを投資消去差額といい，**のれん**（又は負ののれん）として処理する^(注1)。

のれんは貸借対照表の「無形固定資産（借方の場合）」に表示する。負ののれんは「企業結合に関する会計基準」に従い，基本的には当期の利益として処理する^(注2)。

なお，のれんは，原則としてその計上後**20年以内**に定額法その他合理的な方法により償却しなければならない。ただし，のれんの全額に重要性が乏しい場合には，その期の損益として処理することができる。のれん償却額は連結損益計算書上，販売費及び一般管理費（借方の場合）として記載する。

(注1) 従来，こうした投資消去差額は「連結調整勘定」という科目で表示されていたが，現行制度では「のれん」という科目で表示されることとなった。

(注2) 従来，負ののれんは固定負債に計上していたが現行制度では負債に計上することは認められない。

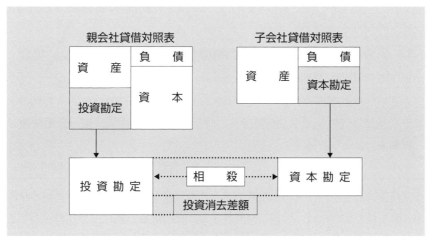

[投資消去差額]

（3）部分所有の連結

【非支配株主持分】

子会社の資本のうち親会社に帰属しない部分は，**非支配株主持分**とする。

（「連結財務諸表に関する会計基準」26）

株主資本以外の各項目は，連結貸借対照表上，その他の包括利益累計額（評価・換算差額等），新株予約権及び非支配株主持分に区分する。

（「貸借対照表の純資産の部の表示に関する会計基準」7・一部・修正）

100％所有の場合と同様に，親会社の投資勘定と子会社の資本勘定の相殺消去を行うが，この場合，親会社の投資勘定と相殺消去される子会社の資本勘定は親会社持分部分となる。

子会社の資本勘定のうち，親会社持分以外の部分については**非支配株主持分**として処理する。

例えば，90％所有の子会社の場合，子会社の資本勘定のうち90％を親会社の投資勘定と相殺消去し，残りの10％を**非支配株主持分**に振り替える。非支配株主持分は，連結貸借対照表上，**純資産の部に区分して表示する**[注]。

（注）従来は，非支配株主持分は連結貸借対照表上，負債の部と資本の部の中間に独立して表示していたが，現行制度では，純資産の部に表示する。

（4）子会社の資産および負債の帳簿価額と時価が一致しない場合

┌─【子会社の資産及び負債の評価】─────────────────

連結貸借対照表の作成にあたっては，支配獲得日において，子会社の資産及び負債の全てを支配獲得日の時価により評価する方法（**全面時価評価法**）により評価する。

（「連結財務諸表に関する会計基準」20）

連結貸借対照表の作成にあたり，子会社の資産および負債の帳簿価額と時価が一致しない場合には，時価に評価替えし，その評価差額は子会社の資本とされる。親会社投資と子会社資本の相殺消去にあたっては，子会社の資本は評価替え後の資本を用いて行われる。

子会社の資産および負債の時価評価は全面時価評価法による。なお全面時価評価法は，子会社の資産および負債のすべてを，支配獲得日の時価により評価する方法である。

[参考] 部分時価評価法

　従来，子会社の資産および負債の時価評価については，全面時価評価法と部分時価評価法の選択が認められてきた。しかし，平成20年12月に「連結財務諸表に関する会計基準」が設定され，部分時価評価法は廃止された。

　部分時価評価法は，子会社の資産および負債のうち，親会社の持分に相当する部分については株式の取得日ごとに当該日における公正な評価額（時価）により評価し，少数株主持分に相当する部分については子会社の個別貸借対照表上の金額による方法である。

8．連結会社相互間の債権と債務の相殺消去

┌【連結会社相互間の債権と債務の相殺消去】

　連結会社相互間の債権と債務とは，相殺消去する。

（「連結財務諸表に関する会計基準」31)

(注) 債権と債務の消去にあたって債権に対して貸倒引当金を設定している場合には，これも消去する。

9．連結会社相互間の取引高の相殺消去

┌【連結会社相互間の取引の相殺消去】

　連結会社相互間における商品の売買その他の取引に係る項目は相殺消去する。　　　　　　　（「連結財務諸表に関する会計基準」35)

10．未実現損益の消去

┌【未実現損益の消去】

　連結会社相互間の取引によって取得した棚卸資産，固定資産その他の資産に含まれる未実現損益は，その全額を消去する。ただし，未実現損失については，売手側の帳簿価額のうち回収不能と認められる部分は，消去しない。　　　　　　　　（「連結財務諸表に関する会計基準」36)

　未実現利益とは，連結会社相互間の取引によって取得した棚卸資産，固定資産その他の資産に含まれる未実現の利益である。未実現損益は，連結会計上は連結グループ外部に売却されるまでは未実現であるため，その全額を消去しなければならない。

　未実現利益を消去した場合には，未実現利益の消去により減少した利益を誰が負担するかが問題となるが，未実現利益の負担関係は，親会社が売り手側の場合（ダウン・ストリームという）と子会社が売り手側の場合（アップ・ストリームという）で次のように区別している。

　ダウン・ストリーム…全額消去・親会社負担方式

　アップ・ストリーム…全額消去・持分按分負担方式

1）ダウン・ストリーム

　ダウン・ストリーム（親会社から子会社への販売）の場合には，未実現利益の全額を消去し，未実現利益を計上した親会社の持分がその全額を負担する（**全額消去・親会社負担方式**）。

2）アップ・ストリーム

　アップ・ストリーム（子会社から親会社への販売）の場合で，子会社に非支配株主が存在する場合には，未実現利益の全額を消去し，消去した未実現利益は親会社と非支配株主の持分比率に応じて，親会社持分と非支配株主持分に配分して負担させ，非支配株主の配分額は非支配株主持分から減額する（**全額消去・持分按分負担方式**）。

11．持分法の適用

（注）平成 20 年に「持分法に関する会計基準」が新設された。同基準は従来の「連結財務諸表原則」における持分法の規定を概ね引き継いだものとなっている。

（1）持分法の適用対象

【持分法の適用】

　　非連結子会社及び関連会社に対する投資については，原則として**持分法を適用する**。　　　　　　　　（「持分法に関する会計基準」6・一部）

（注）持分法の適用に関しては連結会計の適用と同様に，重要性の乏しいものは適用除外とすることができるなど前述の連結会計の規定と同様の規定がある。

【関連会社の定義】

　　「**関連会社**」とは，企業（当該企業が子会社を有する場合には，当該子会社を含む。）が，出資，人事，資金，技術，取引等の関係を通じて，子会社以外の他の企業の財務及び営業または事業の方針の決定に対して**重要な影響を与える**ことができる場合における当該子会社以外の他の企業をいう。　　　　　　　　　　　　　（「持分法に関する会計基準」5）

（注）持分法の適用対象となる関連会社とは，基本的には 20％以上（50％以下）の議決権株式を取得している会社である。また，議決権の所有割合が 20％未満であっても，一定の議決権（「持分法に関する会計基準」では 15％以上）を有しており，当該会社の財務・営業方針などに重要な影響を及ぼすことができる場合（影響力基準という）が該当する。

　　非連結子会社及び関連会社に対する投資については，原則として**持分法を適用**する。非連結子会社とは本来は連結の範囲に含めるべき会社であるが重要性が乏しいなどの理由により連結の範囲から除外された会社をいい，関連会社とは，親会社及び子会社が 20％以上 50％以下の議決権株式を保有している場合など他の会社に対して一定の影響力を行使できる場合における当該他の会社をいう。

（2）持分法の意義

┌─【持分法の意義】────────────────────────────
│　「持分法」とは，投資会社が被投資会社の資本及び損益のうち投資会社
│に帰属する部分の変動に応じて，その投資の額を連結決算日ごとに修正
│する方法をいう。　　　　　　　　　　　　　　　（「持分法に関する会計基準」4）
└──

　持分法は，株式の評価方法の一つであり，連結法の簡便法といえる。非連結
子会社や関連会社の純資産の変動などを持分割合に応じて被投資会社株式の評
価額に反映させる方法である。

12.　具体的計算例

[設例]　100％所有の連結

　P社は当期末にS社の100％の株式を取得した。次の資料により，連結貸借対
照表を完成しなさい。S社株式の取得価額は29,000千円であった。

　なお，S社の諸資産および諸負債の時価は帳簿価額に等しいものとする。

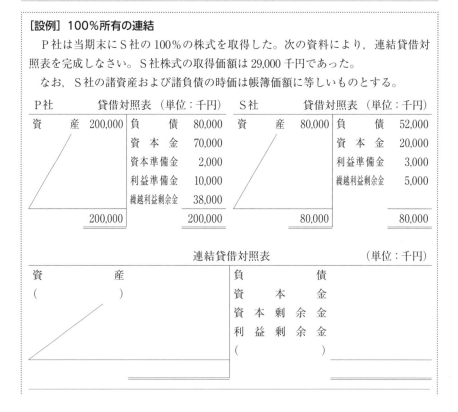

〈解答〉

<table>
<tr><td colspan="2" align="center">連結貸借対照表</td><td colspan="2" align="right">（単位：千円）</td></tr>
<tr><td>資　　　　　産</td><td align="right">251,000</td><td>負　　　　　債</td><td align="right">132,000</td></tr>
<tr><td>（　の　れ　ん　）</td><td align="right">1,000</td><td>資　本　金</td><td align="right">70,000</td></tr>
<tr><td></td><td></td><td>資　本　剰　余　金</td><td align="right">2,000</td></tr>
<tr><td></td><td></td><td>利　益　剰　余　金</td><td align="right">48,000</td></tr>
<tr><td></td><td></td><td>（―――――――）</td><td align="right">―――――</td></tr>
<tr><td></td><td align="right">252,000</td><td></td><td align="right">252,000</td></tr>
</table>

資産：200,000 千円＋80,000 千円－29,000 千円＝251,000 千円
　　　　　P社資産　　　　S社資産　　　　S社株式

負債：80,000 千円＋52,000 千円＝132,000 千円
　　　　　P社負債　　　　S社負債

のれん（連結調整勘定）：20,000 千円＋3,000 千円＋5,000 千円－29,000 千円
　　　　　　　　　　S社資本金　S社利益準備金　S社繰越利益剰余金　S社株式取得価額
　　　　＝△1,000 千円（借方）

資本金：70,000 千円
　　　　　P社資本金

資本剰余金：2,000 千円
　　　　　　　P社資本準備金

利益剰余金：10,000 千円＋38,000 千円＝48,000 千円
　　　　　　　P社利益準備金　P社繰越利益剰余金

［設例］部分所有の連結

　P社は当期末にS社の90％の株式を取得した。次の資料により，連結貸借対照表を完成しなさい。S社株式の取得価額は 29,000 千円であった。

　なお，S社の諸資産および諸負債の時価は帳簿価額に等しいものとする。

<table>
<tr><td>P社</td><td colspan="3" align="center">貸借対照表　（単位：千円）</td></tr>
<tr><td>資　　　産</td><td align="right">200,000</td><td>負　　　債</td><td align="right">80,000</td></tr>
<tr><td></td><td></td><td>資　本　金</td><td align="right">70,000</td></tr>
<tr><td></td><td></td><td>資本準備金</td><td align="right">2,000</td></tr>
<tr><td></td><td></td><td>利益準備金</td><td align="right">10,000</td></tr>
<tr><td></td><td></td><td>繰越利益剰余金</td><td align="right">38,000</td></tr>
<tr><td></td><td align="right">200,000</td><td></td><td align="right">200,000</td></tr>
</table>

<table>
<tr><td>S社</td><td colspan="3" align="center">貸借対照表　（単位：千円）</td></tr>
<tr><td>資　　　産</td><td align="right">80,000</td><td>負　　　債</td><td align="right">52,000</td></tr>
<tr><td></td><td></td><td>資　本　金</td><td align="right">20,000</td></tr>
<tr><td></td><td></td><td>利益準備金</td><td align="right">3,000</td></tr>
<tr><td></td><td></td><td>繰越利益剰余金</td><td align="right">5,000</td></tr>
<tr><td></td><td align="right">80,000</td><td></td><td align="right">80,000</td></tr>
</table>

連結貸借対照表　　　　　　（単位：千円）

資　　　　　産		負　　　　　債	
（　　　　　　　）		資　　本　　金	
		資　本　剰　余　金	
		利　益　剰　余　金	
		（　　　　　　　）	

〈解答〉

連結貸借対照表　　　　　　（単位：千円）

資　　　　　産	251,000	負　　　　　債	132,000
（　の　れ　ん　）	3,800	資　　本　　金	70,000
		資　本　剰　余　金	2,000
		利　益　剰　余　金	48,000
		（非支配株主持分）	2,800
	254,800		254,800

資産：200,000 千円 ＋ 80,000 千円 － 29,000 千円 ＝ 251,000 千円
　　　　P社資産　　　　S社資産　　　S社株式

負債：80,000 千円 ＋ 52,000 千円 ＝ 132,000 千円
　　　　P社負債　　　S社負債

のれん（連結調整勘定）：（20,000 千円 ＋ 3,000 千円 ＋ 5,000 千円）× 90%
　　　　　　　　　　　　S社資本金　S社利益準備金　S社繰越利益剰余金

　　　　　　　　　　　 － 29,000 千円 ＝ △ 3,800 千円（借方）
　　　　　　　　　　　 S社株式取得価額

非支配株主持分：（20,000 千円 ＋ 3,000 千円 ＋ 5,000 千円）× 10% ＝ 2,800 千円
　　　　　　　　　S社資本金　　S社利益準備金　S社繰越利益剰余金

資本金：70,000 千円
　　　　P社資本金

資本剰余金：2,000 千円
　　　　　　P社資本準備金

利益剰余金：10,000 千円 ＋ 38,000 千円 ＝ 48,000 千円
　　　　　　P社利益準備金　P社繰越利益剰余金

Exercise

問題①　連結財務諸表に関する次の記述のうち，妥当なものはどれか。

1 投資と資本の相殺消去により生じるのれんは，連結貸借対照表上，流動資産の区分に表示される。

2 連結財務諸表の作成にあたって，自己株式は他の資産と同様に取り扱われる。

3 連結財務諸表の作成にあたって，投資勘定の消去差額については，のれんとして処理する。

4 子会社が採用する会計処理の原則および手続は，すべて親会社に統一しなければならない。

5 他の会社における議決権の過半数を一時的に所有している場合における当該他の会社も子会社として連結の範囲に含めなければならない。

・・・

解説

1 誤。のれんは無形固定資産の区分に表示される。

2 誤。連結財務諸表の作成にあたって，自己株式および子会社が所有する親会社の株式は，株主資本に対する控除項目として純資産の部の株主資本に表示するものとする。

3 妥当な記述である。
連結財務諸表の作成にあたって，投資勘定の消去差額については，のれんとして処理する。

4 誤。同一環境下で行われた同一の性質の取引等について，親会社および子会社が採用する会計処理の原則および手続は，原則として統一しなければならない。

5 誤。他の会社における議決権の過半数を実質的に所有している場合における当該他の会社は連結子会社となるが，単に一時的に所有している場合には非連結子会社となり連結の範囲から除かなければならない。

解答　3

問題②　連結財務諸表に関する次の記述のうち，妥当なものはどれか。

1　非支配株主持分は投資消去差額であり，その原因が容易に分析できるときは，その原因となった勘定に加減をするが，原因が不明の場合には，負債の部に非支配株主持分として表示する。

2　連結財務諸表の作成にあたって，非支配株主持分は連結貸借対照表の負債の部と資本の部の中間に独立項目として表示する。

3　連結の範囲に含める子会社とは，議決権の50％超を所有している会社の場合をいう。

4　連結財務諸表の作成にあたって，連結の範囲から除外される子会社は小規模子会社のみである。

5　のれんの当期償却額は，連結損益計算書の純損益計算の区分に表示される。

....

解説

1　誤。非支配株主持分とは子会社の資本勘定のうち，親会社以外の株主に帰属する部分をいう。また，非支配株主持分は現行制度では純資産の部に表示する。

2　妥当な記述である。

3　誤。議決権の50％超を所有していない場合でも，高い比率の議決権を有しており，かつ，当該会社の意思決定機関を支配している一定の事実が認められる場合には連結の範囲に含める子会社となる。

4　誤。連結の範囲から除外される子会社には他にも，支配が一時的であると認められる会社等がある。

5　誤。のれんの当期償却額は，連結損益計算書の販売費及び一般管理費として記載される。

解答　**2**

2 企業結合

企業結合では，合併の会計処理を理解してください。

1．企業結合の意義

（1）企業結合の意義

　企業結合とは，ある企業またはある企業を構成する事業と他の企業または他の企業を構成する事業とが1つの報告単位に統合されることをいい，合併，株式交換，株式移転，共同支配企業の形成，子会社株式の取得（連結）などの取引が該当する。

① 合併

　合併とは，株式の交換などを通じて2つ以上の会社が合体して1つの会社になることをいう。

② 株式交換，株式移転

　株式交換とは，株式の交換などを通じて2つ以上の会社が完全親会社，完全子会社となることをいう。

　株式移転とは，純粋持株会社を新設し，純粋持株会社が完全親会社となり，既存の会社が完全子会社となることをいう。

③ 共同支配企業の形成

　共同支配とは複数の独立した企業が契約等に基づき，ある企業を共同で支配することをいい，共同支配企業の形成とは，複数の独立した企業が共同で支配する企業を形成することをいう（合弁会社の設立などが該当する）。

④ 子会社株式の取得

子会社株式の取得とは，会社の他の会社の株式を取得することにより，他の会社を子会社として支配することになることをいい，この場合には原則的に連結会計の対象となる。なお，連結会計については本テキスト第6章第1節を参照のこと。

（2）企業結合の分類（理論的分類）

企業結合は，経済的実態の違いから「取得」と「持分の結合」に分類される。

「取得」とは，ある企業が他の企業（被取得企業）または企業を構成する事業に対する「支配」を獲得して1つの報告単位となることをいう。

「持分の結合」とは，いずれの企業の株主も他の企業を支配したとは認められず，結合後企業のリスクや便益を引き続き相互に共有することを達成するため，それぞれの事業のすべてまたは事実上のすべてを結合して1つの報告単位となることをいう。

(注)「取得」の場合には，通常1つの企業を，取得企業として決定する。企業結合に関して支払う対価が株式以外の場合には対価を支出した企業，対価が株式の場合には議決権比率の大きな企業が取得企業となる。

（3）企業結合の会計処理

企業結合の会計処理には，「パーチェス法」と「持分プーリング法」とがある。

〈企業結合の会計処理〉

会計処理	特徴
パーチェス法	被結合企業から受け入れる資産及び負債の取得原価を、対価として交付する現金および株式等の時価（公正価値）とする。
持分プーリング法	すべての結合当事企業の資産、負債および純資産を、それぞれ適切な帳簿価額で引き継ぐ。

従来，「企業結合に係る会計基準」では，「取得」の場合の会計処理は「パーチェス法」，「持分の結合」の場合の会計処理は「持分プーリング法」によるこ

ととしていた。

　しかし，こうした会計処理（とくに持分プーリング法）については国際的な会計基準との差異があり，批判の対象となっていた。

　そこで，平成20年12月に「企業結合に関する会計基準」が設定され，持分プーリング法は廃止され，企業結合^{（注）}については，従来「持分の結合」に該当した企業結合も含めて「取得」となるものとして，「パーチェス法」により会計処理を行うこととした。

　したがって，現行制度では企業結合は「パーチェス法」により処理される。

（注）共同支配企業の形成及び共通支配下の取引などを除く。

（4）のれんの処理

①　のれんの計上と表示

　企業結合の会計処理（パーチェス法）においてはのれんが生じることがある。取得原価が取得した資産および引き受けた負債に配分された純額を上回る場合には，その超過額は「のれん」として貸借対照表の**無形固定資産**に計上する。

②　のれんの償却

　「のれん」は，**20年以内**のその効果の及ぶ期間にわたって，定額法その他の合理的な方法により規則的に償却する。ただし，金額に重要性が乏しい場合には，「のれん」が生じた事業年度の費用として処理することができる。

　「のれん」の償却額は一般に，損益計算書の販売費及び一般管理費として表示する。

（注）従来，「企業結合に係る会計基準」などでは，取得原価が取得した資産及び引き受けた負債に配分された純額を下回る場合には，その不足額は「負ののれん」として，貸借対照表の固定負債に計上し，20年以内に規則的に償却し，営業外収益として処理することとしていた。

　　　しかし，平成20年に公表された「企業結合に関する会計基準」などの現行制度では，従来「負ののれん」として計上していた金額については，固定負債として計上することはせず，基本的に発生した事業年度の利益（特別利益）として処理するという形に改正された。

2. 合併

（1）意義

　合併とは，株式等の交換を通じて，2つ以上の会社が合体して1つの会社になることをいう。合併が行われる理由としては，市場における**過当競争**の回避，経営組織の**合理化**，**市場支配**の拡大などがある。

　合併は，吸収合併と新設合併の2つの形態に分けられるが，ここでは吸収合併を中心にみていくこととする。

　吸収合併とは，ある会社が他の会社を吸収する合併形態をいう。この場合に他の会社を吸収して存続する会社を存続会社（合併会社）といい，吸収され消滅する会社を消滅会社（被合併会社）という。

　新設合併とは，従来の会社がいずれも消滅して，新しい会社が設立される合併形態をいう。この場合に新設会社を存続会社（新設会社，合併会社）といい，消滅する会社を消滅会社（被合併会社）という。

（2）吸収合併

① 吸収合併の流れ

　吸収合併では，存続会社が消滅会社の株主が所有する消滅会社株式と引き換えに存続会社の株式などを交付するとともに，消滅会社から消滅会社の資産および負債などを引き継ぐことによって合併が行われる。

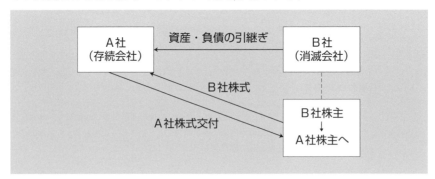

[吸収合併の流れ]

② 会計処理

　吸収合併は、現行制度ではパーチェス法により処理する。

　パーチェス法では、消滅会社（被取得企業とする）の資産および負債は、新たに存続会社（取得企業とする）が取得したと考えるので、合併時における**時価**によって承継される。また、取得の対価（取得原価）は、対価として交付する存続会社の株式などの時価とし、当該取得の対価（取得原価）が消滅会社から受け入れた純資産（配分された純額という）を**上回る場合**には、その超過額は「**のれん**」として貸借対照表に計上する。取得の対価（取得原価）として株式を交付することにより、存続会社（取得企業）の資本は増加するが、その増加する資本は、合併契約において定めた額を資本金または資本準備金とし、残額はその他資本剰余金として処理する。

(注) 従来、存続会社の増加する資本のうち資本金としなかった額は、資本準備金（合併差益）とよばれていた。

［設例］吸収合併

　A社はB社を吸収合併することとなった。資料を参考にしてパーチェス法により処理した場合（A社を取得企業とする）の合併後のA社貸借対照表を作成しなさい。

（資料1）合併直前の両社の貸借対照表

A社　　貸借対照表（単位：千円）

資産	200,000	負債	30,000
		資本金	120,000
		資本準備金	2,000
		利益準備金	10,000
		繰越利益剰余金	38,000
	200,000		200,000

B社　　貸借対照表（単位：千円）

資産	80,000	負債	52,000
		資本金	20,000
		資本準備金	2,000
		利益準備金	1,000
		繰越利益剰余金	5,000
	80,000		80,000

（資料2）合併に関する事項

1. A社は、B社を吸収合併するにあたり、新株800株（時価@50千円）を交付した。なお、対価として交付する株式の時価@50千円のうち@30千円は資本金、@15千円は資本準備金、@5千円はその他資本剰余金とする。
2. B社資産の時価は90,000千円、負債の時価は55,000千円とする。

〈解答〉

B 社の純資産額（時価）：90,000 千円（時価）－ 55,000 千円（時価）

= 35,000 千円（配分された純額）

取得の対価（取得原価）：50 千円 × 800 株　　　　 ＝　　　 40,000 千円

のれん：40,000 千円 － 35,000 千円　　　　　　　 ＝　　　　 5,000 千円

A社の増加資本金：30 千円 × 800 株　　　　　　　 ＝　　　 24,000 千円

A社の増加資本準備金：15 千円 × 800 株　　　　　 ＝　　　 12,000 千円

A社の増加その他資本剰余金：5 千円 × 800 株　　　 ＝　　　　 4,000 千円

合併後A社貸借対照表　　　　　　　　（単位：千円）

資　　　　　　産	290,000	負　　　　　　債	85,000
の　　れ　　ん	5,000	資　　本　　金	144,000
		資　本　準　備　金	14,000
		その他資本剰余金	4,000
		利　益　準　備　金	10,000
		繰 越 利 益 剰 余 金	38,000
	295,000		295,000

[参考] その他の企業結合 （株式交換・株式移転）

① 株式交換

　株式交換とは，一方の既存会社（完全子会社となる会社）の株主が保有する株式のすべてを他方の既存会社（完全親会社となる会社）に譲渡し，それと交換に完全親会社の株式を譲り受ける（その場合，完全親会社は保有自己株式の移転を行い，または金銭の交付を行うこともできる）ことをいう。

　株式交換は，既存の子会社を完全子会社化してグループ企業の事業再編成を図ることを主な目的として利用される。また，企業買収の手法として株式交換を利用する場合には，企業買収に伴う現金が不要となる利点がある。

（注）完全親会社とは，子会社の議決権株式総数の 100％ を保有している親会社を指す。完全子会社とは，親会社に議決権株式総数の 100％ を保有されている子会社を指す。

② 株式移転

　株式移転とは，既存会社（完全子会社となる会社）が，新たに純粋持株会社（注）（完全親会社となる会社）を新設し，既存の会社の株式を純粋持株会社に移転し，それと交換に新設した会社の新株を譲り受けることをいう。株式移転は，

完全親会社となる会社を新設する，という点が株式交換と異なっている。

(注) 純粋持株会社とは，企業支配のみを主たる業務とする会社をいう。株式移転は，純粋持株会社を新設して，グループ経営を統括し，経営の効率化を図る場合に利用できる。

[参考] 会社分割（事業分離）

　会社分割（事業分離）は，平成12年の商法（現在の会社法）改正，平成17年の「事業分離に関する会計基準」の公表により，企業の事業再編成のための手段として制度化された。

　会社分割（事業分離）とは，会社の事業の全部または一部を他の会社に包括的に承継させることにより会社を分割する制度である。その際に承継を受けた会社は，その財産の対価として新株式を分割した側に譲渡する。

　なお，会社分割により，事業の全部または一部を包括的に承継させる会社を分割会社といい，承継する会社を承継会社という。

　また，承継会社が既存の会社の場合を吸収分割，承継会社が新設の会社の場合を新設分割という。

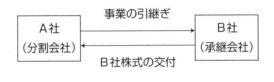

Exercise

問題　T社は，U社を吸収合併し，株式600株（時価@60千円）を交付した。この合併は，パーチェス法（T社を取得企業とする）により会計処理する。なお，U社の諸資産の時価は100,000千円，諸負債の時価は65,000千円とする。
　　　無形固定資産に計上されるのれんの額を答えなさい。

U社	貸借対照表		（単位：千円）
諸　　資　　産	95,000	諸　　　負　　　債	63,000
		資　　　本　　　金	20,000
		資　本　準　備　金	1,000
		利　益　準　備　金	1,000
		繰越利益剰余金	10,000
	95,000		95,000

1　　1,000 千円

2　　4,000 千円

3　　　500 千円

4　36,000 千円

5　　5,000 千円

....

解説

（1）純資産額（時価）の計算
　　100,000 千円（時価）－ 65,000 千円（時価）＝ 35,000 千円
（2）交付する株式の時価
　　60 千円× 600 株＝ 36,000 千円
（3）のれん
　　36,000 千円－ 35,000 千円＝ 1,000 千円
　　　∴のれん 1,000 千円（無形固定資産）

解答　**1**

3 外貨換算会計

企業の国際化，変動為替相場制度によってドルなどの外貨で行う取引をどのように円に換算するかが問題となります。ここでは外貨換算会計の概要を見ていきます。

1．意義

　外貨換算会計には，外貨建取引の換算（国内企業が外国企業と外貨で取引を行う場合の円換算）と，在外企業の財務諸表の換算（外貨ベースで作成された在外支店や在外子会社の財務諸表の円換算。後述）の2つの領域がある。

　外貨建取引とは，売買価額その他取引価額が外国通貨で表示されている取引をいう。

　具体的には次のような取引がある。

　①　取引価額が外国通貨で表示されている物品の売買または役務の授受
　②　決済金額が外国通貨で表示されている資金の借入れまたは貸付け
　③　券面額が外国通貨で表示されている社債の発行
　④　外国通貨による前渡金・仮払金の支払いまたは前受金・仮受金の受取り

2．外貨建取引の換算

　外貨建取引を会計帳簿に記録するにあたり，外貨で表示されている金額を円貨の金額に変更することを換算といい，次の計算により行う。

　　外貨建ベースの金額×為替相場（レート）＝円貨ベースの金額

3．外貨建取引の換算方法

（1）取引の発生時

　原則として，取引の発生時の為替相場（HR：ヒストリカルレート）により

換算する。

（2）決算時

① 原則的な考え方

「外貨建取引等会計処理基準」では，決算時の外貨建資産および負債の換算にあたって適用すべき為替相場について，**貨幣・非貨幣法**の考え方を採用している。

貨幣・非貨幣法とは，貨幣項目については**決算時の為替相場**（CR）を，非貨幣項目には**取得時または発生時の為替相場**（HR）を適用する方法である。

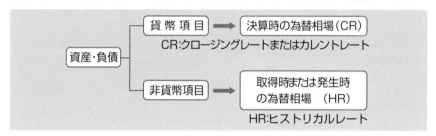

[換算替え]

なお，**費用・収益**については，取引発生時に，取引発生時の為替相場（HR）により換算されており，決算時においての**換算替えは行わない**。

[参考] 貨幣項目と非貨幣項目

貨幣項目とは，最終的に現金化する資産および負債をいい，具体的には次のようなものがある。

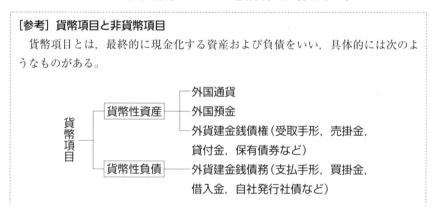

　非貨幣項目とは，最終的に費用化または収益化する資産および負債と，その他貨幣項目ではない資産および負債をいう。具体的には次のようなものがある。

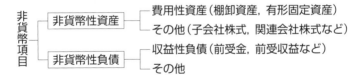

②　具体的な換算替えの方法

1）外国通貨および外貨建金銭債権債務

┌─【外国通貨および外貨建金銭債権債務】─────────────────

①　外国通貨

　外国通貨については，**決算時の為替相場**による円換算額を付する。

②　外貨建金銭債権債務（外貨預金を含む。以下同じ）

　外貨建金銭債権債務については，**決算時の為替相場**による円換算額を付する。ただし，外貨建自社発行社債のうち転換請求期間満了前の転換社債（転換請求の可能性がないと認められるものを除く。）については，発行時の為替相場による円換算額を付する。

(「外貨建取引等会計処理基準」２・一・（１）一部)

2）外貨建有価証券

┌─【外貨建有価証券】─────────────────────────

③　外貨建有価証券

　イ　満期保有目的の外貨建債券については，**決算時の為替相場**による円換算額を付する。

　ロ　売買目的有価証券及びその他有価証券については，外国通貨による時価を**決算時の為替相場**により円換算した額を付する。

　ハ　子会社株式及び関連会社株式については，**取得時の為替相場**による円換算額を付する。

ニ　外貨建有価証券について時価の著しい下落又は実質価額の著しい
低下により評価額の引下げが求められる場合には，当該外貨建有価
証券の時価又は実質価額は，外国通貨による時価又は実質価額を**決
算時の為替相場**により円換算した額による。

（「外貨建取引等会計処理基準」2（1）一部）

【**償却原価法における償却額の換算**】

外貨建金銭債権債務及び外貨建債券について償却原価法を適用する場
合における償却額は，外国通貨による償却額を**期中平均相場**により円換
算した額による。　　　　　　　（「外貨建取引等会計処理基準注解」注9）

3）外貨建有価証券のまとめ

〈外貨建有価証券の評価〉

保有目的による分類	期末評価	評価差額の処理
売買目的有価証券	外貨時価× CR	有価証券評価損益
満期保有目的債券	外貨原価× CR（注1） 外貨償却原価× CR（注2）	為替差損益
子会社株式・関連会社株式	外貨原価× HR	――
その他有価証券	外貨時価× CR（注3）	その他有価証券評価差額金
強制評価減・実価法	外貨時価（実価）× CR	評価損

（注1）償却原価法を適用しない場合。
（注2）償却原価法を適用する場合。償却原価法の適用による償却額は外貨建償却額に期中平均相場
　　　（AR）をかけて算定する。
（注3）市場価格のない株式の場合，外貨原価× CR になる

③　**為替換算差額の処理**

外国通貨および外貨建金銭債権債務（外国預金などを含む）の取引発生時に
記録した円貨額と，決算時の為替相場による円貨額との差額は**為替差損益**とし
て処理し，損益計算書上，営業外収益（為替差益）または営業外費用（為替
差損）のいずれか一方に相殺した純額で表示する。ただし，為替換算差額が，

特殊な要因で，異常なほど多額に発生した場合などには，「特別利益」または「特別損失」の区分に表示する。

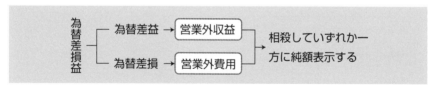

[為替差損益の相殺表示]

[参考] 換算方法の種類について

　外貨建取引における換算方法については次のようなものがある。

1.　流動・非流動法

　流動・非流動法とは，流動項目には決算日の為替相場を，非流動項目には取得時または発生時の為替相場を選択適用する方法である。

2.　貨幣・非貨幣法

　貨幣・非貨幣法とは，貨幣項目については決算日の為替相場を，非貨幣項目には取得時または発生時の為替相場を選択適用する方法である。

3.　テンポラル法（属性法）

　テンポラル法とは，過去の価額（原価）で記録されている資産および負債については取得時または発生時の為替相場を，現在または将来の価額（時価）で記録されている資産および負債については決算時の為替相場を適用する方法であり，理論的に最も妥当な方法である。

4.　決算日レート法

　決算日レート法とは，すべての財務諸表項目（ただし在外支店の本店勘定，在外子会社の資本勘定などを除く）について決算日の為替相場を選択適用する方法である。

　なお，現行の「外貨建取引等会計処理基準」では，原則として貨幣・非貨幣法を採用している。ただし，在外支店の財務諸表項目についてはいわゆるテンポラル法の考え方を，在外子会社などの財務諸表項目については決算日レート法の考え方を採用している。

外　貨　建　項　目	換　算　方　法
外貨建取引（国内にある企業）の財務諸表項目の換算	貨幣・非貨幣法
在外支店の財務諸表項目のうち貨幣項目の換算	
在外支店の財務諸表項目のうち非貨幣項目の換算	テンポラル法
在外子会社などの財務諸表項目の換算	決算日レート法

（3）決済時

① 決済時の円換算

外貨建金銭債権債務などの決済に伴う現金収支額は，原則として，**決済時の為替相場**により円換算される。

② 為替決済損益

決済時の円貨額と，外貨建金銭債権債務の帳簿上の円貨額との差額（為替決算損益）は**為替差損益**として処理し，決算時の為替差損益と同様に，営業外収益（為替差益）または営業外費用（為替差損）のいずれか一方に相殺した純額で表示する。ただし，為替決済損益が特殊な要因で異常なほど多額に発生した場合などには「特別利益」または「特別損失」の区分に表示する。

（4）為替差損益（為替換算差額と為替決済損益）の処理・表示

「外貨建取引等会計処理基準」では，決算時に生じる「為替換算差額（為替換算損益）」と決済時に生じる「為替決済損益」を区別した処理・表示は求めておらず，両者を一括して為替差損益として処理・表示することとしている。

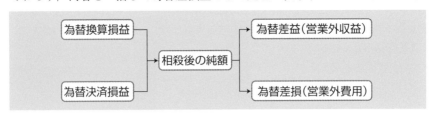

［為替換算損益（為替換算差額）と為替決済損益］

4．在外企業の財務諸表の換算

（1）在外支店の財務諸表項目の換算

①　基本的な考え方

　外国通貨で表示されている在外支店の財務諸表に基づき本支店合併財務諸表を作成する場合には，在外支店の財務諸表について換算替えを行う必要がある。「外貨建取引等会計処理基準」では，在外支店の換算方法に，基本的にテンポラル法（貨幣・非貨幣法も併用）の考え方を採用している。

②　換算の方法

　在外支店における外貨建取引については，原則として**本店と同様に処理**する。ただし，収益および費用（収益性負債の収益化額および費用性資産の費用化額を除く）の換算については，期中平均相場（AR）によることができる。

　また，在外支店の外国通貨で表示された財務諸表項目の換算にあたり，非貨幣項目の額に重要性がない場合には，すべての貸借対照表項目（支店における本店勘定などを除く）を決算時の為替相場により円換算することができる。この場合には損益項目についても決算時の為替相場を用いてもよい。

③　換算差額の処理

　在外支店の財務諸表の換算により生じた換算差額は，当期の為替差損益として処理する。

（2）在外子会社等の財務諸表項目の換算

①　基本的な考え方

　連結財務諸表の作成または持分法の適用にあたり，外国にある子会社や関連会社の外国通貨で表示されている財務諸表について換算替えを行う必要がある。「外貨建取引等会計処理基準」では，在外子会社等の換算方法に，基本的に**決算日レート法**の考え方を採用している。

② **換算の方法**

　1）資産および負債

　　在外子会社等の資産及び負債については，決算時の為替相場により円換算する。

　2）資本

　　親会社による株式の取得時における資本項目は株式取得時の為替相場により換算し，親会社による株式取得後に生じた資本項目については，当該項目の発生時の為替相場により円換算する。

　3）収益および費用

　　収益および費用は，原則として期中平均相場により円換算するが，決算時の為替相場により円換算することもできる。

　　なお，親会社との取引による収益および費用の換算は，親会社が換算に用いた為替相場による。この場合に生じる差額は当期の為替差損益として処理する。

③ **換算差額の処理**

　在外子会社等の財務諸表の換算によって生じた換算差額は，**為替換算調整勘定**として貸借対照表の純資産の部に記載する。

Exercise

問題①　次の「外貨建取引等会計処理基準」の決算時の処理として，適当でないものを示しなさい。

1 為替差益と為替差損は相殺後の純額を損益計算書の営業外収益または営業外費用に記載するが，これは総額主義の原則の例外である。

2 外貨建の売買目的有価証券やその他有価証券ついては，原則として，決算時の為替相場による円換算額を付する。

3 外貨建金銭債権債務については，原則として，取得時または発生時の為替相場による円換算額を付する。

4 外国通貨については，決算時の為替相場による円換算額を付する。

5 外貨建子会社株式については，原則として，取得時の為替相場による円換算額を付する。

・・・

解説

1 妥当な記述である。

2 妥当な記述である。

3 適当ではない。外貨建金銭債権債務については，原則として，決算時の為替相場による円換算額を付する。

4 妥当な記述である。

5 妥当な記述である。

解答　**3**

問題②　外貨換算処理に関する次の記述のうち，妥当なものはどれか。

1 在外子会社等の財務諸表の換算により生じた換算差額は，為替換算調整勘定として貸借対照表の純資産（資本）の部に記載する。

2 テンポラル法とは，貨幣性資産・負債は決算日レートで換算し，非貨幣性資産・負債は取得時相場で換算する方法である。

3 外貨建金銭債権債務については，取得時または発生時の為替相場による円換算額を付する。

4 在外支店の財務諸表の換算の方法は，在外子会社の財務諸表の換算と全く同様である。

5 国際化した今日の企業環境においても，必ずしも財務諸表に外貨取引による影響を記載する必要はない。

・・

解説

1 妥当な記述である。

2 誤。テンポラル法とは，過去の価額で記録されている資産・負債は取得時または発生時の為替相場を，現在または将来の価額で記録されている資産・負債は決算時の為替相場を適用する方法である。

3 誤。外貨建金銭債権債務については，原則として，決算時の為替相場による円換算額を付する。

4 誤。在外支店と在外子会社の財務諸表の換算は，同じとはいえない。

5 誤。今日では，外国との取引が増大し，財務諸表に外貨取引による影響を記載する必要がある。

解答　**1**

重要度

★☆☆

4 税効果会計

税効果会計は非常に難易度が高い論点です。必要最低限のキーワードだけ暗記するようにしましょう。

1．税効果会計の意義と目的

（1）税効果会計に係る会計基準の設定

　平成10年10月に「税効果会計に係る会計基準」が設定された。税効果会計は，発生主義会計のもとでのより有用な利害関係者への財務諸表の開示，国際的会計基準への調和，企業会計と税法の乖離の拡大に対する調整の必要性などの理由によりわが国の企業会計に導入された。また，平成30年2月に「税効果会計に係る会計基準」は一部改正された。

（2）税効果会計の意義と目的

┌─【税効果会計の目的】─────────────────────
　税効果会計は，企業会計上の資産又は負債の額と課税所得計算上の資産又は負債の額に相違がある場合において，法人税その他利益に関連する金額を課税標準とする税金（以下「法人税等」という。）の額を適切に期間配分することにより，法人税等を控除する前の当期純利益と法人税等を合理的に対応させることを目的とする手続きである。

（「税効果会計に係る会計基準」第一）
└──────────────────────────────────

　企業会計上，法人税等は，損益計算書末尾で税引前当期純利益から控除する形式で表示されるが，実際の法人税等の金額は法人税法上の利益である課税所得に税率をかけて計算する。

　損益計算書上の税引前当期純利益は収益から費用を控除して計算するが，法人税法上の課税所得は益金から損金を控除して計算する。収益と益金，費用と損金はほとんど同じだが，企業会計と法人税法の目的の相違などにより若干の相違（これを差異という）が生じることがある。

269

結果的に課税所得に税率をかけて求めた「実際の法人税等の額」と，税引前当期純利益に税率をかけて求めた「企業会計上あるべき税金の額」に差異が生じることになる。

　この差異を調整して「実際の法人税等の額」を「企業会計上あるべき税金の額」にするのが税効果会計である。その差額は「**法人税等調整額**」として損益計算書末尾に記載される。

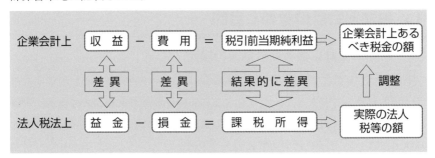

[税効果会計の目的]

2．税効果会計の対象

　企業会計上と法人税法上の差異の種類には，**一時差異**と**永久差異**とがある。

　一時差異とは，その差異が将来的に必ず解消されるものであり，将来減算一時差異と将来加算一時差異との2つがある。

　将来減算一時差異とは，一時差異が発生した時に課税所得の計算上，加算調整され，将来その差異が解消される時に課税所得を減額させる効果をもつ一時差異をいう。

　将来加算一時差異とは，将来その差異が解消される時に課税所得を増額させるような効果をもつ一時差異をいう。

　永久差異とは，その差異が永久的に解消されないようなものであり，例えば，交際費の損金算入限度超過額，寄付金の損金算入限度超過額，受取配当金の益金不算入額などがある。

　税効果会計の対象となるのは**一時差異のみ**である。

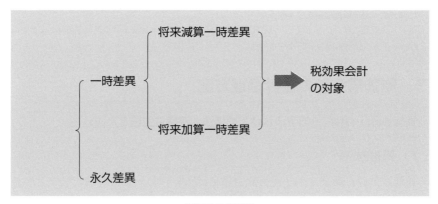

[差異の種類]

---【一時差異等の認識】---

一　一時差異等の認識

1　法人税等については，一時差異に係る税金の額を適切な会計期間に
配分し，計上しなければならない。

2　**一時差異**とは，貸借対照表に計上されている資産及び負債の金額と
課税所得計算上の資産及び負債の金額との差額をいう。

一時差異は，例えば，次のような場合に生ずる。

（1）財務諸表上の一時差異

①　収益又は費用の帰属年度が相違する場合（注1）

②　資産の評価替えにより生じた評価差額が直接資本の部に計上さ
れ，かつ，課税所得の計算に含まれていない場合（注2）

3　一時差異には，当該差異が解消するときにその期の課税所得を減額
する効果を持つもの（以下「**将来減算一時差異**」という。）と，当該
一時差異が解消するときにその期の課税所得を増額する効果をもつも
の（以下「**将来加算一時差異**」という。）とがある。

4　将来の課税所得と相殺可能な繰越欠損金等については，一時差異と
同様に取扱うものとする。

（「税効果会計に係る会計基準」第二　一部）

（注1）この差異には，たとえば棚卸資産評価損の損金不算入額，貸倒引当金の繰入限度超過額，減価

償却費の償却限度超過額などがある。

(注2) この差異には，たとえばその他有価証券の時価評価に伴う有価証券評価差額金の計上などがある。また，現行制度では資本の部は純資産の部とよばれている。

3．税効果会計の会計処理方法

税効果会計の会計処理方法には，**繰延法**と**資産負債法**とがある。

（1）繰延法

繰延法とは，調整すべき差異を企業会計上の収益・費用と法人税法上の益金・損金の差額から把握する方法である。

（2）資産負債法

資産負債法とは，調整すべき差異を企業会計上の資産・負債と法人税法上の資産・負債の差額から把握する方法である。

「税効果会計に係る会計基準」では，**資産負債法**を採用している。

4．繰延税金資産・繰延税金負債・法人税等調整額

┌─【繰延税金資産及び繰延税金負債の計上方法】─────────────

1　一時差異等に係る税金の額は，将来の会計期間において回収又は支払が見込まれない税金の額を除き，**繰延税金資産**又は**繰延税金負債**として計上しなければならない。

（「税効果会計に係る会計基準」第二・二　一部）

┌─【繰延税金資産等の表示方法】─────────────

1　繰延税金資産は投資その他の資産の区分に表示し，繰延税金負債は固定負債の区分に表示する。

2　同一納税主体の繰延税金資産と繰延税金負債は，双方を相殺して表示する。

異なる納税主体の繰延税金資産と繰延税金負債は，双方を相殺せずに表示する。

3　当期の法人税等として納付すべき額及び法人税等調整額は，法人税等を控除する前の当期純利益から控除する形式により，それぞれ区分して表示しなければならない。

（「税効果会計に係る会計基準」第三　一部）

（注）従来，繰延税金資産及び繰延税金負債は，流動・固定分類を行っていたが，平成30年2月に，企業会計基準委員会が『「税効果会計に係る会計基準」の一部改正』を公表し，すべて固定項目として表示することになった。

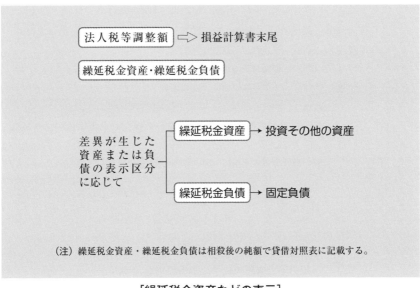

[繰延税金資産などの表示]

[設例]

　税効果会計の意味は，利害関係者の適切な業績評価のための表示上の工夫であるが，非常に難易度が高いため簡単な数値例で説明する。

（例）当社は1年度および2年度とも同じ業務活動を行った。1年度は収益10,000円，費用5,000円（費用のうち1,000円は貸倒損失，4,000円はその他の費用），2年度は，収益は10,000円，費用は5,000円であった。

1年度に売掛金 3,000 円のうち 1,000 円が貸倒れとなり，企業会計上は費用（貸倒損失）1,000 円として処理したが，法人税法上は 1 年度には損金不算入となり 2 年度に損金算入することが認められた。法人税等の税率は 40％とする。

① 税効果会計を適用しない場合

（ア）企業会計上の税引前当期純利益は収益－費用なので

〈1年度〉10,000 － 5,000 ＝ 5,000（税引前当期純利益）

〈2年度〉10,000 － 5,000 ＝ 5,000（税引前当期純利益）

（イ）法人税等は課税所得に基づいて計算され，課税所得は益金－損金なので

〈1年度〉10,000 － 4,000 ＝ 6,000（課税所得）

　　　　6,000 × 40％ ＝ 2,400（実際の法人税等の額）

〈2年度〉10,000 － 6,000 ＝ 4,000（課税所得）

　　　　4,000 × 40％ ＝ 1,600（実際の法人税等の額）

（ウ）したがって，税効果会計を適用しない場合の損益計算書は次のようになる。

【税効果会計を適用しない場合の損益計算書】

	1年度	2年度
収　　　　　益	10,000	10,000
費　　　　　用	5,000	5,000
税引前当期純利益	5,000	5,000
法　人　税　等	2,400	1,600
当　期　純　利　益	2,600	3,400

（エ）税効果会計を適用しない場合の問題点

税効果会計を適用しない場合，まったく同じ活動を行ったにもかかわらず，当期純利益が 2,600 円（1 年度）から 3,400 円（2 年度）に増加し，会計をよく知らない利害関係者は業績向上と勘違いする可能性がある。

しかし，当社は別に業績が向上したわけではなく，単に企業会計上の「収益・費用」と法人税法上の「益金・損金」の認識時点の相違だけが原因である。そこで，利害関係者が適正に業績評価できるように，税効果会計を適用する。

② 税効果会計を適用する場合

（ア）税効果会計を適用しない場合，税引前当期純利益と法人税等（実際の法人税等の額）が40％で対応していない。

<u>企業会計上あるべき税金費用の額</u>　　　<u>実際の法人税等の額</u>

〈1年度〉：5,000円×40％＝2,000円 ←── 400円 ──→ 2,400円

〈2年度〉：5,000円×40％＝2,000円 ←── 400円 ──→ 1,600円

　　この差異400円の原因は，貸倒損失1,000円を企業会計上は1年度に費用処理したのに対し，法人税法上は1年度は損金不算入とされ，2年度に損金算入されたことによる。仕訳で示すと，

	企業会計上	法人税法上
1年度	（貸倒損失）1,000（売掛金）1,000	仕訳なし（損金不算入）
2年度	仕訳なし	（貸倒損失）1,000（売掛金）1,000

　　この差異1,000円は発生年度（1年度）の課税所得が税引前当期純利益に比べて増加しているので将来減算一時差異である。

　　税効果会計は「実際の法人税等の額」を「企業会計上あるべき税金費用の額」に修正する手続きなので，1年度は400円法人税等を減額し，2年度は400円法人税等を増額する。

【税効果会計の適用】

〈1年度〉貸倒損失1,000円の損金不算入（将来減算一時差異の発生）

（借）繰延税金資産	400	（貸）法人税等調整額	400
B/S資産		法人税等のマイナス	

〈2年度〉貸倒損失1,000円の損金算入（将来減算一時差異の解消）

（借）法人税等調整額	400	（貸）繰延税金資産	400
法人税等のプラス			

（イ）したがって，税効果会計を適用した場合の損益計算書および貸借対照表は次のようになる。

【税効果会計を適用した場合の損益計算書】

		1年度		2年度
収　　　　　益		10,000		10,000
費　　　　　用		5,000		5,000
税引前当期純利益		5,000		5,000
法　人　税　等	2,400		1,600	
法人税等調整額	△ 400	2,000	+ 400	2,000
当　期　純　利　益		3,000		3,000

【税効果会計を適用した場合の貸借対照表】

〈1年度のB/S〉　　　　　　　　　　〈2年度のB/S〉

繰延税金資産 400　　　　　　　　　繰延税金資産　0

（ウ）税効果会計を適用することの意味

　　　税効果会計を適用した場合，同じ活動をしているので最終的な当期純利益（3,000円）も同じとなり，かつ，法人税等の実際計上額も示されているので利害関係者の適切な業績判断が可能になる。

　　　したがって，P/LやB/Sを利害関係者の適切な判断が行いやすいように表示上の加工を加えるのが基本的な税効果会計の目的である。実際の法人税等が減るわけではないので当社は1年度は2,400円，2年度は1,600円の法人税等を納付する。

③　**繰延法と資産負債法**

　　差異1,000円の把握方法には繰延法と資産負債法とがある。

（ア）繰延法

　　　繰延法は，費用・収益と損金・益金の差異から把握する方法なので貸倒損失に注目して差異を把握する。

〈1年度〉

企業会計上：収益10,000 － 費用5,000 ＝ 税引前当期純利益5,000

差異1,000円の発生（将来減算一時差異の発生）

法人税法上：益金10,000 － 損金4,000 ＝ 課　税　所　得6,000

〈2年度〉

企業会計上：収益10,000 － 費用5,000 ＝ 税引前当期純利益5,000

差異1,000円の解消（将来減算一時差異の解消）

法人税法上：益金10,000 － 損金6,000 ＝ 課　税　所　得4,000

（イ）資産負債法

　　資産負債法は企業会計上の資産・負債と法人税法上の資産・負債の差異から把握する方法なので売掛金に注目して差異を把握する。

〈1年度〉

企業会計上の売掛金の簿価：3,000 － 貸倒損失1,000 ＝ 2,000

差異1,000円の発生（将来減算一時差異の発生）

法人税法上の売掛金の簿価　　　　　　　　　 ＝ 3,000

〈2年度〉

企業会計上の売掛金の簿価　　　　　　　　　 ＝ 2,000

差異1,000円の解消（将来減算一時差異の解消）

法人税法上の売掛金の簿価：3,000 － 貸倒損失1,000 ＝ 2,000

④　永久差異と一時差異

　この企業会計上と法人税法上のずれは，結局１年度の費用（貸倒損失）1,000円の認識時点のずれが原因である。

　　　企業会計上……１年度の費用

　　　法人税法上……２年度の損金

　こうした認識時点のずれはいずれは解消されるので「一時差異」と呼ばれるが，それに対して「永久差異」は永久に解消されない。

例　１年度に受取配当金10円を受け取った。

　　　企業会計上……１年度の収益

　　　法人税法上……いつまでも益金には不算入

5．連結会計上の税効果会計

　連結財務諸表の作成にあたっても税効果会計が適用される。連結会計上固有に税効果会計の対象となる一時差異の例としては以下のものがあげられる。

┌─【連結会計固有の一時差異】──────────────────────
│
│（２）連結財務諸表固有の一時差異
│
│　①　資本連結に際し，子会社の資産及び負債の時価評価により評価差額が生じた場合
│
│　②　連結会社相互間の取引から生ずる未実現損益を消去した場合
│
│　③　連結会社相互間の債権と債務の相殺消去により貸倒引当金を減額修正した場合
│
│　　　　　　　　　　（「税効果会計に係る会計基準」第二・一　一部）
└────────────────────────────────────

Exercise

問題　税効果会計に関する次の記述のうち，妥当なものはどれか。

1 税効果会計とは，企業会計上の資産・負債の額と課税所得計算上の資産・負債の額に差異がある場合において，法人税等を適切に期間配分することにより，税引前当期純利益と法人税等を合理的に対応させることを目的としている。

2 企業会計上と法人税法上の差異には，一時差異と永久差異とがあるが，両者とも税効果会計の対象となる。

3 将来加算一時差異とは，将来その差異が解消される時に課税所得を減額させるような効果をもつ一時差異をいう。

4 税効果会計の方法には繰延法と資産負債法とがあるが，「税効果会計に係る会計基準」では，繰延法を採用している。

5 法人税等調整額は，株主資本等変動計算書に株主資本項目の一つとして記載される。

・・

解説

税効果会計に関する問題である。

1 妥当な記述である。

2 誤。税効果会計の対象になるのは一時差異だけである。

3 誤。将来加算一時差異とは，将来その差異が解消される時に課税所得を増額させるような効果をもつ一時差異をいう。選択肢の記述は将来減算一時差異に関するものである。

4 誤。「税効果会計に係る会計基準」では資産負債法を採用している。

5 誤。法人税等調整額は，損益計算書末尾に法人税等の調整項目として記載される。

解答　1

279

5 仕　訳

すべての取引について仕訳を覚えることは効率的ではありません。しかし，本試験で繰り返し出題されている代表的な取引の仕訳はしっかりと押さえておいてください。

1．特殊商品売買

（1）委託販売

［設例］
　当社は，A社に対して委託販売のために，商品100ケース（原価@ 2,000円，売価@ 2,500円）を発送した。なお，発送に際して運賃3,000円を現金で支払った。

これを仕訳すると，

（借）積　　送　　品　　203,000　　（貸）仕　　　　　入　　200,000
　　　　　　　　　　　　　　　　　　　　　現　　　　　金　　　 3,000

となる。

　委託販売において，積送（発送）した商品は通常，**積送品勘定**を用いて処理する。積送時には，積送した商品の原価を仕入勘定から積送品勘定に振り替える。また，積送に要した費用は，積送品勘定に算入する（積送諸掛費勘定で処理することもある）。なお，商品を発送（積送）しただけでは，商品を販売したわけではないので**売上勘定を用いないことに注意すること**。

（2）未着品売買

［設例］
　当社は，A銀行から為替手形800,000円の呈示を受け，これを引き受け，B社へ注文してあった商品の貨物代表証券1,200,000円を受け取った。

これを仕訳すると，

（借）未　着　品　　1,200,000　　（貸）支　払　手　形　　800,000
　　　　　　　　　　　　　　　　　　　　買　　掛　　金　　400,000

となる。

　貨物代表証券とは，運送人に対する運送品引渡請求権を表章する有価証券である。貨物代表証券を取得した場合には，**未着品勘定**を用いて処理する。いまだ，商品が手元に届いているわけではないので，**仕入勘定を用いないこと**に注意すること。

（3）受託販売

[設例]
　当社は，A社と受託販売契約を結び，商品500,000円を受け取り，運送費5,000円を現金で支払った。

　これを仕訳すると，
　（借）受 託 販 売　　　5,000　　（貸）現　　　　金　　　5,000
となる。

　受託販売とは，他人から商品販売の委託を受け，委託者側の計算においてその商品の販売を行い，その販売から生ずる損益はすべて委託者に帰属することとし，受託者自らは販売手数料を受け取ることとする販売形態である。

　受託販売では，商品を受け取っても受託者側の資産が増加するわけではないので，原則として仕訳を行わない。また，委託者との間に生じる債権債務は**受託販売勘定**で処理する。なお，**仕入勘定を用いないこと**に注意すること。

2．手形取引

（1）自己指図為替手形

[設例]
　当社は，かねて売掛金のあるA社あてに自己指図為替手形20万円を振り出し，引受けを得た。

　これを仕訳すると，
　（借）受 取 手 形　　　200,000　　（貸）売　掛　金　　　200,000
となる。

自己指図為替手形は，指図人（受取人）が自己である為替手形である。自己指図為替手形を振り出した場合には，**受取手形勘定**で処理する。

（2）手形の裏書

> **［設例］**
> 当社は，Ａ社から商品 800,000 円を仕入れ，代金は先にＣ社から受け取った為替手形 600,000 円を裏書譲渡し，残りは掛けとした。

これを過去の本試験の問題等にしたがい仕訳すると，

（借）仕　　　　入　　　800,000　　（貸）裏　書　手　形　　　600,000
　　　　　　　　　　　　　　　　　　　　買　　掛　　金　　　200,000

または，

（借）仕　　　　入　　　800,000　　（貸）受　取　手　形　　　600,000
　　　　　　　　　　　　　　　　　　　　買　　掛　　金　　　200,000

となる。

手形を裏書した場合は，**受取手形勘定**か，もしくは**裏書手形勘定**を用いて処理する。裏書手形勘定は，受取手形勘定を評価する評価勘定である。問題文に指示がない場合には，どちらの勘定が使用されていても同じである。しかし，問題文に「**この手形に伴う偶発債務は評価勘定により処理する**」旨の記述がある場合には，**裏書手形勘定**を用いる必要がある。

> **［参考］手形の裏書におけるその他の会計処理**
> 手形の裏書には上記以外にも複数の会計処理方法が認められている。以下，それらについて述べることとする。
> ① 対照勘定法による場合の仕訳
> （借）仕　　　　入　　　800,000　　（貸）受　取　手　形　　　600,000
> 　　　　　　　　　　　　　　　　　　　　買　　掛　　金　　　200,000
> （借）手形裏書義務見返　600,000　　（貸）手形裏書義務　　　600,000
> となる。この手形裏書義務見返勘定および手形裏書義務勘定は備忘記録と呼ばれ，裏書の事実を忘れないためのメモ書きである。したがって勘定科目に特に厳密な決まりはない。裏書した手形が無事決済された時は，この備忘記録を逆仕訳する。

② 「金融商品に関する会計基準」による仕訳では，保証債務を時価評価して

（借）仕 入	800,000	（貸）受 取 手 形	600,000
		買 掛 金	200,000
（借）手形売却損 または保証債務費用	×××	（貸）保 証 債 務	×××

という仕訳を行うこととなっているが，今後，この形式での仕訳の出題の可能性
があるので注意してほしい。

3．有形固定資産

（1）建設仮勘定

[設例]

　当社は，かねてA社に建設を依頼していた建物が完成したので，残金800,000
円を小切手で支払い，その引渡しを受けた。なお，これまでにA社に支払った金
額の合計は3,200,000円である。

　これを仕訳すると，

| （借）建 物 | 4,000,000 | （貸）建 設 仮 勘 定 | 3,200,000 |
| | | 当 座 預 金 | 800,000 |

となる。

　過去に支払った金額は，建設仮勘定で処理されているはずであるので，建物
が完成し引渡しを受けた時点で，その全額を建物勘定に振り替える。

（2）有形固定資産の購入

[設例]

　当社は営業所を建てる目的で，土地を1m²あたり5万円で400m²購入した。な
お，売買手数料50万円，地ならし代50万円を小切手にて支払った。

これを仕訳すると，

| （借）土 地 | 21,000,000 | （貸）当 座 預 金 | 21,000,000 |

となる。

資産を取得した場合，**付随費用は取得原価に算入する**。

（3）有形固定資産の売却

[設例]
　当社は期首に機械（取得原価50,000円，残存価額5,000円）を25,000円で売却し，売却代金は1か月後に受け取ることとした。なお，この機械は定率法（年20％）によってすでに2年間償却している。また，減価償却については間接法を用いて記録している。

これを仕訳すると，

　（借）減価償却累計額　　　18,000　　（貸）機　　　械　　　50,000
　　　　未　収　金　　　25,000
　　　　固定資産売却損　　　 7,000

となる。

　過去の減価償却費は，

　1年目　50,000円×20％＝10,000円

　2年目　（50,000円－10,000円）×20％＝8,000円

であるから，減価償却累計額は18,000円となる。

　売却損益は，

　25,000円－（50,000円－18,000円）＝－7,000円

となる。

　なお，未回収の売却代金は売掛金勘定ではなく**未収金勘定**を用いることに注意すること。

4. 有価証券

（1）有価証券の購入

① 株式の場合

［設例］
　当社はA社の株式30株を@60,000円で購入し，買入手数料20,000円とともに小切手を振り出して支払った。

　これを仕訳すると，

　（借）有 価 証 券　　1,820,000　　（貸）当 座 預 金　　1,820,000
となる。

　株式を購入した場合には有価証券となり，その取得原価は実際に支出する金額で計算する。もし，問題文に額面金額が与えられていても，額面金額を考慮する必要はない。なお，**付随費用は取得原価に算入する**。

② 社債の場合

［設例］
　当社はA社の社債20,000,000円を額面100円につき98円で購入し，買入手数料100,000円とともに小切手を振り出して支払った。

　これを仕訳すると，

　（借）有 価 証 券　　19,700,000　　（貸）当 座 預 金　　19,700,000
となる。

　社債を購入した場合には有価証券となり，取得原価で計算する。したがって，額面金額は考慮する必要はない。また，**付随費用は取得原価に算入する**。社債は，購入なのか発行（後述）なのかに注意すること。

（2）社債の発行

［設例］
　当社は，社債 20,000,000 円を額面 100 円につき 98 円で発行し，手取金は当座預金とした。なお，社債発行費 800,000 円を小切手を振り出して支払った。

　現行制度では，社債発行差金を計上しないため，これを仕訳すると，

　（借）当 座 預 金　19,600,000　　（貸）社　　　　債　19,600,000
　（借）社債発行費(等)　　800,000　　（貸）当 座 預 金　　800,000

となる。なお当座預金は借方貸方で相殺してもよい。社債の金額は，従来は額面金額だったが現行制度では収入額になることに注意すること。また，社債を購入した場合は，有価証券として取得原価で記録する。

　社債発行による収入額は，

$$20,000,000 \text{円} \times \frac{@ 98 \text{円}}{@ 100 \text{円}} = 19,600,000 \text{円}$$

となる。

5．その他

（1）現金過不足

［設例］
　当社の現金残高を調査したところ，実際の現金有高より帳簿残高の方が 2,000 円多いことが判明した。

　これを仕訳すると，

　（借）現 金 過 不 足　　2,000　　（貸）現　　　　金　　2,000

となる。
　現金過不足は，帳簿残高を実際の現金有高に合わせるように修正する。

（2）貸倒れ

[設例]

　当社の前期末売掛金のうち，A社に対する2,000円が貸倒れとなった。ただし，前期末の売掛金残高100,000円に対して5％の貸倒引当金が設定してある。

　これを仕訳すると，

　（借）貸倒引当金　　　2,000　　（貸）売　掛　金　　　2,000

となる。前期末の貸倒引当金残高は，

　100,000円×5％＝5,000円

である。仮に，貸倒れの金額が8,000円であった場合は，

　（借）貸倒引当金　　　5,000　　（貸）売　掛　金　　　8,000

　　　（前期）貸倒損失　3,000

となる。

（3）消費税

[設例]

　A社はB社に対して商品100,000円を販売し，消費税10,000円とともに現金で受取った。

　これを仕訳すると，

　（借）現　　　金　110,000　　（貸）売　　　上　100,000

　　　　　　　　　　　　　　　　　　仮受消費税　　10,000

となる（税抜方式による仕訳）。

　なお，B社においては

　（借）仕　　　入　100,000　　（貸）現　　　金　110,000

　　　　仮払消費税　10,000

という仕訳となる。

　消費税は，税抜方式では，費用収益の金額（売上や仕入の金額）を消費税抜きの金額で記帳する。

（4）会社設立・増資

[設例]

　会社設立に当たり，株式を 100 株発行し，1 株あたり 1,000 円の払い込みを受け，全額を当座預金とした。払込金額のうち，会社法規定の最低額を資本金に組み入れた。また，会社設立時の株式発行に当たり，諸費用 2,000 円を現金で支払った。

これを仕訳すると，

（借）当 座 預 金	100,000	（貸）資　本　金	50,000
		株式払込剰余金	50,000
創　立　費	2,000	現　　　金	2,000

となる。

　現行制度（会社法）によれば，新株発行に当たっては，原則として払込金額（改正前商法では発行価額）の全額を資本金とするが，払込金額の 2 分の 1 までを資本金とせず，株式払込剰余金（資本準備金）とすることができる。

　また，会社設立に当たっての諸費用は**創立費**勘定で処理する。ただし，会社設立後における新株発行における諸費用は創立費勘定ではなく**株式交付費**（従来は新株発行費）**勘定**として処理する。

Exercise

問題　次の取引に関するA社の仕訳として妥当なものはどれか。

1 A社は，B社へ委託販売のため商品300,000円を送付し，発送費2,500円を小切手を振り出して支払った。

（借）積　送　品　302,500　　（貸）仕　　　　入　300,000
　　　　　　　　　　　　　　　　　　当　座　預　金　　　2,500

2 A社はD社からの仕入代金300,000円の支払いとして，E社振出A社宛の約束手形250,000円を裏書譲渡し，残額についてはD社あての約束手形を振り出した。

（借）仕　　　　入　300,000　　（貸）支　払　手　形　300,000

3 A社は営業所を建てる目的で，土地を1㎡あたり8万円で400㎡購入し，買取手数料20万円，地ならし代30万円を小切手にて支払った。

（借）土　　　　地　32,000,000　　（貸）当　座　預　金　32,500,000
　　　営　業　費　　　500,000

4 A社はC社の株式20株を@45,000円で購入し，買入手数料20,000円とともに小切手を振り出して支払った。

（借）有　価　証　券　900,000　　（貸）当　座　預　金　920,000
　　　支　払　手　数　料　20,000

5 A社は，前期末売掛金のうち，B商店に対する3,000円が貸倒れとなった。ただし，前期末の売掛金残高100,000円に対して2％の貸倒引当金が設定してある。

（借）貸　倒　引　当　損　3,000　　（貸）貸　倒　引　当　金　3,000

・・・

解説

1 妥当な仕訳である。

2 正しい仕訳は，

（借）仕　　　　入　300,000　　（貸）受　取　手　形　250,000
　　　　　　　　　　　　　　　　　　支　払　手　形　　50,000

3 正しい仕訳は，

（借）土　　　　地　32,500,000　　（貸）当　座　預　金　32,500,000

4 正しい仕訳は，

（借）有　価　証　券　920,000　　（貸）当　座　預　金　920,000

5 正しい仕訳は,

(借) 貸 倒 引 当 金 　　2,000 　　(貸) 売 　 掛 　 金 　　3,000
　 (前期)貸倒損失 　　　　1,000

　　　　　　　　　　　　　　　　　　　　　　　　　　　　解答 **1**

索　引

292

本書の内容は、小社より2019年12月に刊行された
「公務員試験　過去問攻略Vテキスト　15　会計学」（ISBN：978-4-8132-8359-1）
と同一です。

こうむいんしけん　かこもんこうりゃくぶい　かいけいがく　しんそうばん
公務員試験　過去問攻略Vテキスト　15　会計学　新装版

2019年12月15日　初　版　第1刷発行
2024年 4 月 1 日　新装版　第1刷発行

編　著　者	Ｔ Ａ Ｃ 株 式 会 社
	（公務員講座）
発　行　者	多　田　　敏　男
発　行　所	Ｔ Ａ Ｃ株式会社　出版事業部
	（ＴＡＣ出版）

〒101-8383
東京都千代田区神田三崎町3-2-18
電話　03(5276)9492(営業)
FAX　03(5276)9674
https://shuppan.tac-school.co.jp

| 印　　　刷 | 株式会社　ワ　　コ　　ー |
| 製　　　本 | 東 京 美 術 紙 工 協 業 組 合 |

© TAC 2024　　　　Printed in Japan　　　　ISBN 978-4-300-11155-0
N.D.C. 317

公務員講座のご案内

大卒レベルの公務員試験に強い!

2022年度 公務員試験

公務員講座生[1]
最終合格者延べ人数[2]

5,314名

国家公務員 (大卒程度)	計 2,797名
地方公務員 (大卒程度)	計 2,414名

国立大学法人等	大卒レベル試験	61名
独立行政法人	大卒レベル試験	10名
その他公務員		32名

※1 公務員講座生とは公務員試験対策講座において、目標年度に合格するために必要と考えられる、講義、演習、論文対策、面接対策等をパッケージ化したカリキュラムの受講生です。単科講座や公開模試のみの受講生は含まれておりません。
※2 同一の方が複数の試験種に合格している場合は、それぞれの試験種に最終合格者としてカウントしています。(実合格者数は2,843名です。)
＊2023年1月31日時点で、調査にご協力いただいた方の人数です。

1位 全国の公務員試験で合格者を輩出!

詳細は公務員講座(地方上級・国家一般職)パンフレットをご覧ください。

2022年度 国家総合職試験

公務員講座生[1]
最終合格者数 217名

法律区分	41名	経済区分	19名
政治・国際区分	76名	教養区分[2]	49名
院卒／行政区分	24名	その他区分	8名

※1 公務員講座生とは公務員試験対策講座において、目標年度に合格するために必要と考えられる、講義、演習、論文対策、面接対策等をパッケージ化したカリキュラムの受講生です。単科講座や公開模試のみの受講生は含まれておりません。
※2 上記の2022年度目標の公務員講座最終合格者のほか、2023年度目標公務員講座生の最終合格者40名が含まれます。
＊上記は2023年1月31日時点で調査にご協力いただいた方の人数です。

2022年度 外務省専門職試験

最終合格者総数55名のうち
54名がWセミナー講座生です。[1]

合格者占有率[2] 98.2%

外交官を目指すなら、実績のWセミナー

※1 Wセミナー講座生とは、公務員試験対策講座において、目標年度に合格するために必要と考えられる、講義、演習、論文対策、面接対策等をパッケージ化したカリキュラムの受講生です。各種オプション講座や公開模試など、単科講座のみの受講生は含まれておりません。また、Wセミナー講座生はそのボリュームから他校の講座生と掛け持ちすることは困難です。
※2 合格者占有率は「Wセミナー講座生(※1)最終合格者数」を、「外務省専門職採用試験の最終合格者総数」で除して算出しています。また、算出した数字の小数点第二位以下を四捨五入して表記しています。
＊ 上記は2022年10月10日時点で調査にご協力いただいた方の人数です。

WセミナーはTACのブランドです

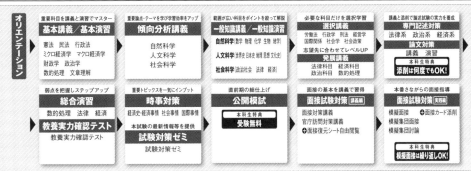

公務員講座のご案内

無料体験入学のご案内
3つの方法でTACの講義が体験できる!

教室で体験　迫力の生講義に出席　予約不要!　最大3回連続出席OK!

1. 校舎と日時を決めて、当日TACの校舎へ
TACでは各校舎で毎月体験入学の日程を設けています。

2. オリエンテーションに参加（体験入学1回目）
初回講義「オリエンテーション」にご参加ください。体験入学ご参加の際に個別にご相談をお受けいたします。

3. 講義に出席（体験入学2・3回目）
引き続き、各科目の講義をご受講いただけます。参加者には体験用テキストをプレゼントいたします。

- 最大3回連続無料体験講義の日程はTACホームページと公務員講座パンフレットでご覧いただけます。
- 体験入学はお申込み予定の校舎に限らず、お好きな校舎でご利用いただけます。
- 4回目の講義前までにご入会手続きをしていただければ、カリキュラム通りに受講することができます。

※地方上級・国家一般職、理系（技術職）、警察・消防以外の講座では、最大2回連続体験入学を実施しています。また、心理職・福祉職はTAC動画チャンネルで体験講義を配信しています。
※体験入学1回目や2回目の後でもご入会手続きは可能です。「TACで受講しよう!」と思われたお好きなタイミングで、ご入会いただけます。

ビデオで体験　校舎のビデオブースで体験視聴

TAC各校のビデオブースで、講義を無料でご視聴いただけます。（要予約）

各校のビデオブースでお好きな講義を視聴できます。視聴前日までに視聴する校舎受付までお電話にてご予約をお願い致します。

ビデオブース利用時間 ※日曜日は④の時間帯はありません。
① 9:30～12:30　② 12:30～15:30
③ 15:30～18:30　④ 18:30～21:30

※受講可能な曜日・時間帯は一部校舎により異なります。
※年末年始・夏期休業・その他特別な休業以外は、通常平日・土日祝祭日にご覧いただけます。
※予約時にご希望日とご希望時間帯を合わせてお申込みください。
※基本講義の中からお好きな科目をご視聴いただけます。（視聴できる科目は時期により異なります）
※TAC提携校での体験視聴につきましては、提携校各校へお問合せください。

Webで体験　スマートフォン・パソコンで講義を体験視聴

TACホームページの「TAC動画チャンネル」で無料体験講義を配信しています。時期に応じて多彩な講義がご覧いただけます。

TAC ホームページ https://www.tac-school.co.jp/

※体験講義は教室講義の一部を抜粋したものになります。

TAC出版 書籍のご案内

TAC出版では、資格の学校TAC各講座の定評ある執筆陣による資格試験の参考書をはじめ、資格取得者の開業法や仕事術、実務書、ビジネス書、一般書などを発行しています!

TAC出版の書籍

*一部書籍は、早稲田経営出版のブランドにて刊行しております。

資格・検定試験の受験対策書籍

- ❂日商簿記検定
- ❂建設業経理士
- ❂全経簿記上級
- ❂税　理　士
- ❂公認会計士
- ❂社会保険労務士
- ❂中小企業診断士
- ❂証券アナリスト

- ❂ファイナンシャルプランナー(FP)
- ❂証券外務員
- ❂貸金業務取扱主任者
- ❂不動産鑑定士
- ❂宅地建物取引士
- ❂賃貸不動産経営管理士
- ❂マンション管理士
- ❂管理業務主任者

- ❂司法書士
- ❂行政書士
- ❂司法試験
- ❂弁理士
- ❂公務員試験(大卒程度・高卒者)
- ❂情報処理試験
- ❂介護福祉士
- ❂ケアマネジャー
- ❂社会福祉士　ほか

実務書・ビジネス書

- ✿会計実務、税法、税務、経理
- ✿総務、労務、人事
- ✿ビジネススキル、マナー、就職、自己啓発
- ✿資格取得者の開業法、仕事術、営業術
- ✿翻訳ビジネス書

一般書・エンタメ書

- ✿ファッション
- ✿エッセイ、レシピ
- ✿スポーツ
- ✿旅行ガイド (おとな旅プレミアム/ハルカナ)
- ✿翻訳小説

公務員試験対策書籍のご案内

TAC出版の公務員試験対策書籍は、独学用、およびスクール学習の副教材として、各商品を取り揃えています。学習の各段階に対応していますので、あなたのステップに応じて、合格に向けてご活用ください!

INPUT

『みんなが欲しかった！公務員 合格へのはじめの一歩』

A5判フルカラー

●本気でやさしい入門書
●公務員の"実際"をわかりやすく紹介したオリエンテーション
●学習内容がざっくりわかる入門講義

・数的処理（数的推理・判断推理・空間把握・資料解釈）
・法律科目（憲法・民法・行政法）
・経済科目（ミクロ経済学・マクロ経済学）

『みんなが欲しかった！公務員 教科書＆問題集』

A5判

●教科書と問題集が合体！でもセパレートできて学習に便利！
●「教科書」部分はフルカラー！見やすく、わかりやすく、楽しく学習！

・憲法
・【刊行予定】民法、行政法

『新・まるごと講義生中継』

A5判

TAC公務員講座講師
郷原 豊茂 ほか

●TACのわかりやすい生講義を誌上で！
●初学者の科目導入に最適！
●豊富な図表で、理解度アップ！

・郷原豊茂の憲法
・郷原豊茂の民法Ⅰ
・郷原豊茂の民法Ⅱ
・新谷一郎の行政法

『まるごと講義生中継』

A5判

TAC公務員講座講師
渕元 哲 ほか

●TACのわかりやすい生講義を誌上で！
●初学者の科目導入に最適！

・郷原豊茂の刑法
・渕元哲の政治学
・渕元哲の行政学
・ミクロ経済学
・マクロ経済学
・関野喬のパターンでわかる数的推理
・関野喬のパターンでわかる判断整理
・関野喬のパターンでわかる空間把握・資料解釈

要点まとめ

『一般知識 出るとこチェック』

四六判

●知識のチェックや直前期の暗記に最適！
●豊富な図表とチェックテストでスピード学習！

・政治・経済
・思想・文学・芸術
・日本史・世界史
・地理
・数学・物理・化学
・生物・地学

記述式対策

『公務員試験論文答案集 専門記述』

A5判

公務員試験研究会

●公務員試験（地方上級ほか）の専門記述を攻略するための問題集！
●過去問と新作問題で出題が予想されるテーマを完全網羅！

・憲法〈第2版〉
・行政法

書籍の正誤に関するご確認とお問合せについて

書籍の記載内容に誤りではないかと思われる箇所がございましたら、以下の手順にてご確認とお問合せをしてくださいますよう、お願い申し上げます。

なお、正誤のお問合せ以外の**書籍内容に関する解説および受験指導などは、一切行っておりません。**
そのようなお問合せにつきましては、お答えいたしかねますので、あらかじめご了承ください。

1 「Cyber Book Store」にて正誤表を確認する

TAC出版書籍販売サイト「Cyber Book Store」の
トップページ内「正誤表」コーナーにて、正誤表をご確認ください。

CYBER TAC出版書籍販売サイト
BOOK STORE

URL：https://bookstore.tac-school.co.jp/

2 1の正誤表がない、あるいは正誤表に該当箇所の記載がない ⇒ 下記①、②のどちらかの方法で文書にて問合せをする

★ご注意ください★

お電話でのお問合せは、お受けいたしません。

①、②のどちらの方法でも、お問合せの際には、「お名前」とともに、

「対象の書籍名（○級・第○回対策も含む）およびその版数（第○版・○○年度版など）」
「お問合せ該当箇所の頁数と行数」
「誤りと思われる記載」
「正しいとお考えになる記載とその根拠」

を明記してください。

なお、回答までに1週間前後を要する場合もございます。あらかじめご了承ください。

① ウェブページ「Cyber Book Store」内の「お問合せフォーム」より問合せをする

【お問合せフォームアドレス】

https://bookstore.tac-school.co.jp/inquiry/

② メールにより問合せをする

【メール宛先　TAC出版】

syuppan-h@tac-school.co.jp

※土日祝日はお問合せ対応をおこなっておりません。
※正誤のお問合せ対応は、該当書籍の改訂版刊行月末日までといたします。

乱丁・落丁による交換は、該当書籍の改訂版刊行月末日までといたします。なお、書籍の在庫状況等により、お受けできない場合もございます。
また、各種本試験の実施の延期、中止を理由とした本書の返品はお受けいたしません。返金もいたしかねますので、あらかじめご了承くださいますようお願い申し上げます。

（2022年7月現在）